R工廠 超巧造艦ワークス

笹原 大 1/700 艦船模型集

R FACTORY SUPER SKILLFUL WARSHIP BUILD WORKS

JN128025

笹原 大【著】

まえがき

　間違いありません、笹原さんは、小人の友だちに手伝ってもらって、こんな作品を作っているのです。人間業ではない。
　でも、その小人さんがうらやましくなってしまいます。自分も700分の1になって、このフネの上に立ってみたい。あちこちの扉は開かれているし、階段や梯子はきちんとどこかに通じている。双眼鏡の横には伝声管があり、旗甲板には信号旗が格納されている。人の姿こそありませんが、笹原さんが作っているのは、その上に人の生活のある場所なのです。
　そんな笹原さんが、映画『この世界の片隅に』に登場する巡洋艦「青葉」を製作される作業に考証面でご一緒できたのは、素晴らしい体験になりました。迷彩色、擬装用の木々。これまでの日本の軍艦のイメージとは違うものが出現しました。

片渕須直

かたぶち すなお　1960年8月10日生まれ。日本のアニメーション監督、脚本家。日本大学芸術学部映画学科卒業。日本大学芸術学部映画学科特任教授、東京芸術大学大学院講師。大阪府枚方市生まれ。代表作は『アリーテ姫』、『マイマイ新子と千年の魔法』、『この世界の片隅に』など

目次 INDEX

3
超巧艦船模型を生み出すための道具とは

4
帝国海軍駆逐艦 島風
タミヤ 1/700 インジェクションプラスチックキット

21
作品を生み出す独自の工廠を見る

22
帝国海軍水上機母艦 秋津洲
アオシマ 1/700 インジェクションプラスチックキット

38
帝国海軍特別駆潜艇 第十一昭南丸
AKAモデル 1/700 マルチマテリアルキット

46
帝国海軍重巡洋艦 青葉
ハセガワ 1/700 インジェクションプラスチックキット

62
片渕須直 × 笹原 大

R FACTORY SUPER SKILLFUL WARSHIP BUILD WORKS

超巧艦船模型を生み出すための道具とは

小スケールに超精密性を求め、情報過多とも言える笹原氏の作品たち。その製作過程は指先でも保持することが難しい極小なパーツ群との戦いでもある。そんなミクロな戦いを可能にしているのが、笹原氏の卓越したセンスと忍耐力、そしてこのツールたちなのだ。

精密模型は見えないことには始まらない

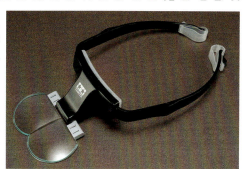

小さいパーツを接着する際に使用するのがこの自作ツールだ。楊枝の先端から飛び出すように銅線（0.8mm）を巻き付け、その上からマスキングテープを巻いたもので、銅線の先端で瞬間接着剤を掬って使用する。先端を折り曲げれば奥まった場所に塗布することも可能

瞬間接着剤の量を自作ツールでコントロール

実体顕微鏡を使用していると思われがちな笹原氏だが、つねに全体を見ながら水平、垂直を確認しながら作業するため顕微鏡という形態での製作は難しい。そのため軽くてレンズの交換が容易なタミヤのヘッドルーペを愛用している。また視力があまり良くならし、コンタクトレンズも併用していることから、目への負担も大きい。長時間の作業を続けるためには疲れ目対策の目薬も手放すことができない

対象物に合わせて最高の切れ味を選ぶ

「工具選びは本当に重要だ」と認識する、その最たるものがニッパーである。部材を切断する工具であるニッパーは対象物の特性に合わせて使い分けているが、いろいろと試した中でも下に列記したものは特に扱いやすい。切れ味の良さは製作精度の向上と時間短縮にもつながるので、使用頻度が高いものは数年で買い替えを行なう

▲アルティメットニッパー
切れ味に特化した片刃のニッパーで、プラパーツのゲート処理をはじめプラ材切断はこのニッパーを使用している。（ゴッドハンド製）

▼アルティメットニッパー（左用）
片刃のニッパーは、ときとして「刃が逆の方が切りやすい！」という状況に陥る。そんな時は左利き用ニッパーを使用する。（ゴッドハンド製）

▼マスキングニッパー
ギリギリのところでマスキングテープを切断できるのが最大の特徴。木製台座にテープをセットするときなども大変重宝する。（ゴッドハンド製）

▼メタルラインニッパー
金属用のニッパーで、真ちゅう線やエッチングパーツの切断に活躍。特に汎用エッチングパーツを使用した自作パーツを加工する際に威力を発揮する。（ゴッドハンド製）

▲アルティメットニッパー エッジ
刃に約45度の角度がついた両刃のアルティメットニッパー。ゲートの細かいところや、甲板上のモールド撤去、艦載機の風防撤去等に威力を発揮する。（ゴッドハンド製）

▲特殊超先細薄ニッパー イノーブ ニッパー
刃先が極細の特殊ニッパーで、張り線や細部の修正時に使用。メタルラインやエッチングパーツにも使用できる。（シモムラアレック製）

艦船模型ではパーツが小さく、手に持ったまま作業するのが困難な場面が多い。そのため精度が求められる作業の時にはバイスを利用している。パーツをしっかりと固定することで、安定した作業を行なうことができるのだ

パーツを固定することで作業時の破損防止や精度の向上が見込める。バイスは各メーカーからさまざまな形状のものが発売されているので、使いやすいものを選ぼう。画像下は笹原氏の知人が製作したオリジナルバイス

パーツはしっかりと固定して工作を行なうのが鉄則

形と精度と剛性がものを言う、保持と加工に使うピンセット

ピンセットはまさに指先の延長ともいえる非常に重要な工具のひとつ。経験上、精度や使いやすさは金額に比例すると実感している。主に使用しているものはスイス製で一本1万円前後のものが主流。各用途に合わせて先端の形状を使い分けている

作業中、極小の穴を綺麗に空けるという場面が非常に多い。例えばモンキーラッタルを設置する時、0.1～0.15mmという穴を等間隔に空けていかねばならない。繰り返しの作業となるので、ピンバイスも回しやすさが重要となる。この特製ホルダーは知人に製作を依頼したもので、グリップは力をかけやすいよう太めになっている

繊細な開口工作は持ち手の扱いやすさが重要

工具を自作発注するほど重要な理由とは

1/700スケールという極小な世界を再現するには、どうしても精度の高い工具が必要不可欠となってくる。笹原氏が「こういうものがあると便利だ」という工具を思い描いたとしても、極端に限定された使用用途のため一般的ではないことが多く、すでに市販されているなどということはほとんどない。しかし、その極端さゆえに、理想的な工具があると難しく困難な加工作業が時間をかけずに行なえるという計り知れないメリットが生まれるのだ。そこで、プラモデル製作を通して知り合えた最高の友人や知人たちが持つ特殊技能の力を借りて、工具や治具などを具現化してもらっている。このようにいろいろな友人たちの力添えがあるからこそ、笹原氏は採鉱の作品を世に送り出すことができるのだ

帝国海軍駆逐艦
島風

I.J.N destroyer SHIMAKAZE
TAMIYA 1/700 Scale
Injection-plastic kit

タミヤの1/700駆逐艦島風を徹底的に作り込む
1/700の限界に挑戦する「細密にして精密」なる艨艟。

「キットの出来が良すぎてディテールアップする部分がない」という文言はよく耳にする。この島風はタミヤの最新キットだけにベテランモデラーでも手をいれる部分には苦労するのではないだろうか。しかし笹原氏にはそのような迷いはない。全長わずか185㎜程度のキットに徹底的に手を加え精密工作を積み重ねる。おそらく実物を見た方はそのあまりの小ささに驚くはずだ。この見開きページでいうと実寸はかなり小さい。また鮮やかな色彩も目を惹きつける効果を担っている。旗旒信号や救命ブイ、応急資材など全体が単調にならないように差し色が効果的に使われている。これらのアクセントと超精密工作、このふたつが合わさって笹原氏の作品はより多くの人を魅了する存在となるのだろう

110cm探照燈
夜間戦闘で使用するサーチライトで、だいたいの駆逐艦は艦橋後方の旗甲板から続くマスト中段部分に管制機があり、遠隔操作された。むやみに点灯すると闇夜に提灯となり、メッタ撃ちの憂き目に……

魚雷運搬軌条
ダビットで搭載した九三式魚雷を運搬台に載せ、艦上で移動させるためのもの。時には発射管から魚雷を取り出し、こういった運搬軌条の上で整備作業が行なわれた

リノリウム
もともとイギリス海軍で使われていた、断熱であったり歩行の際の衝撃を和らげる目的の敷物。金色のリノリウム抑えで止められており、当時の記録を見ると、頻繁に補修作業がなされていたことがわかる

装填演習砲
砲術科の下士官兵たちが主砲弾薬の装填訓練を行なうための機材で、だいたいの駆逐艦では3番砲塔後方の艦尾甲板に搭載していた。主砲の砲尾を簡素化したようなデザインをしている

九四式爆雷投射機&投下軌条
対潜水艦用の攻撃兵器である爆雷を投下するためのもの。投射機は艦の外側に向かって爆雷を放ち、投下軌条は航路の後方へ投下して投網の様に潜水艦を捕捉する

零式五連装魚雷発射管
島風の魚雷は直径61cmの九三式魚雷、いわゆる酸素魚雷であった。夕雲型などでは次発装填装置を設置していたが、島風では5連装（これは本艦だけ！）×3基＝15射線を一気に発射したら離脱する

一号三型電波探信儀
13号電探と呼ばれる、遅ればせながら大戦後半に実用化された対空用見張り用レーダー。従来からある大型の21号電探が搭載できない駆逐艦（秋月型のみ搭載）にとっては救世主のような存在

25mm機銃銃側弾薬包筐
機銃座の周囲に設けられている弾薬入れのこと。対空戦闘になった場合はまずここに格納されている即応弾で射撃を行ない、手あきの総員で艦内の機銃弾薬庫から弾倉を機銃座へ順次運び込んで射撃する

プロペラガード
舷側から外側へ飛び出しているスクリュープロペラを破損しないようにするためのもので、桟橋やほかの艦艇に横付けしたりする時に重要な役目をする。スクリューがある位置の目安にもなる

帝国海軍駆逐艦 島風

島風という艦名は二代目となる。初代島風は1920年代に就役した峯風型駆逐艦4番艦で公試運転時に40.698ノットを記録している。峯風型駆逐艦島風が出した速力はこれまでの帝国海軍駆逐艦の最高速力であり、二代目島風も旧島風にあやかって命名された。次世代の高速艦隊型駆逐艦として設計された新島風は陽炎型8番艦の天津風で実験的に採用された高温高圧缶を搭載し公試運転に挑んだ。歴代駆逐艦の速力を上回ることが期待された島風は公試運転で見事40.9ノットを記録、23年ぶりに記録を塗り替えた

二号二型電波深信儀
22号電探と略称される対水上見張レーダー。電磁ラッパと呼ばれるふたつのアンテナが特徴で、上が電波投射（発信）用、下が受信用。大戦後半には射撃レーダーとして使えるようなタイプも登場した

アンカーチェーン（錨鎖）
その名の通りアンカー（錨）に繋がれた鎖。駆逐艦の場合、主錨は左右2個あるが、揚錨機はひとつである場合が多く、もう一方はライジングビット（写真で前のほうに位置するもの）を用いて収容する

50口径三年式12.7cm連装砲D型
特型駆逐艦に搭載されて以来、連綿と使い続けられてきた日本海軍駆逐艦の主砲。島風のものは夕雲型と同じD型砲塔と呼ばれるタイプで、前後に計3基を搭載。75度の仰角をかけての射撃が可能だった

ホーサーリール
ボラードなどを介して桟橋などに艦を固定するホーサー（日本海軍では「ホーサ」と語尾を伸ばさずに発音した）を収納しておくリール。使わないときはキャンバス製のカバーをかけていることが多い

九六式25mm三連装機銃
日本海軍でもっとも代表的な対空機銃。もともとフランスのホチキス社のライセンス生産品で、はじめに連装が製作され、あとから三連装と単装が開発された。有効射程はだいたい1000m程度だった

九九式3m高角測距儀
3m測距儀と方位盤の組み合わせは以前の日本駆逐艦でも使われていたが、主砲が75度の大仰角で射撃できるようになったため、夕雲型や島風では対空射撃用の角度を求められる高角測距儀となった

7.5m内火艇
錨地のブイなどに停泊するため、客船と違い桟橋に接岸するケースの少ない艦艇では陸地との往来にこうした内火艇を使用する。なお、ここのボートダビットはラジアルダビットと呼ばれるタイプ

舷外消磁電路
磁気機雷を避ける目的で、開戦直前から順次海軍艦艇に導入されていったもの。艦の全周に渡って張り巡らせた電路へ通電することで艦体に帯びた磁気を無効化するしくみだが、効果のほどは疑問

九四式方位盤照準装置
艦艇用の照準器と言えるもので、おもに水上目標用。照準することで主砲射撃用の方向、未来位置などのデータを得る。航空機などに対しては同時に角度も算定できる「高射指揮装置」と言うものがあった

九六式25mm単装機銃
大戦中期以降、増設の対空火器として多くの艦艇に搭載されたのがこの25mm単装機銃。座金を取り付ければどこへでも設置できるので重宝された。被弾するなどして自艦が傾斜すると射撃困難になる欠点も

7mカッター
人力で漕ぐボートの親玉のようなのがこれ。演習の合間には各艦対抗カッター競争も開催された。作戦中は救助艇としてすぐに使えるように用意されており、また、延焼防止のため、水を貼る場合もあった

45年ぶりにリニューアルされたタミヤのウォーターラインシリーズの島風。旧島風はまだウォーターラインシリーズに精密さを求めないおおらかな時代のキットだったが、そのなかでも異色の精密感を持つキットとしてウォーターラインシリーズの最高傑作と称する人も多かった。そんな島風のリニューアルはどのような製品になるか非常に注目されていたが、その期待はいい方向に裏切られたと言っていいだろう。これまでのウォーターラインシリーズに使われていた共通パーツは一切使用せず、すべて新規金型。パーツ数は最小限に抑えながら精密感のある仕上がり。そして初心者でも作りやすく配慮された組み立て構成など新世代の駆逐艦キットにふさわしい素晴らしい内容のものとなった。とりわけ注目したいのが船体ライン。"まるで日本刀のような"と例えられる美しい船体は帝国海軍最速の駆逐艦にふさわしい形状だ。まずは1隻購入して素組みで楽しんでほしいキットだ

実に45年もの歳月を経てリニューアルされたタミヤの1/700島風
艦船模型初心者の入門用キットとしてもおすすめだ

島風の特徴である艦橋の遮風装置は、キットのモールドを活かしつつエッチングパーツなどを使用してディテールアップ。天板部分に汎用メッシュを使い多層構造に見えるようにしている。さらに下部の板状のモールドは薄くなるように削り込んで、よりシャープになるように工夫した。艦橋トップには土嚢を積んで防弾仕様としている

艦橋は第一煙突と一体成型されているので、ディテールアップしやすいように切り離している。実際の構造と同じく煙突の基部を延長して、艦橋の後部に穴を開けて煙突が艦橋のなかに入り込むような形状に細工をした。水密扉はモールドを削り、四角く穴をあけてからエッチングパーツでドアが開いたように仕上げている。島風の特徴である5連装魚雷発射管はピットロード社のNEOシリーズを使用。利点は魚雷と発射管が別パーツなので塗り分けがしやすいところ。各種ジャッキステーとモンキーラッタルを汎用エッチングパーツで再現していた。煙突はキットをベースに、内側をきれいに整形して汎用エッチングパーツでディテールアップした

■キットについて

満を持してタミヤから完全リニューアルキットとして島風が発売された。1/700スケール、ウォーターラインシリーズで値段もお手ごろ。現在(2019年3月)、ピットロードと合わせて2社から島風の新キットが発売されており、選択に悩むところだが、今回はより新しいタミヤのニューキットを使用してディテールアップに挑戦した。

■船体の修正

船体のプロポーションは大変良く、そのままのモールドを活かしても充分良いキットである。ピンバイスで舷窓を穴あけし、汎用エッチングパーツでディテールを追加。外鈑の段差表現はサーフェイサーの厚塗りとスジ彫りの併用で表現。船尾付近にある係船桁やスクリューガードは真ちゅう材などで自作し、作り直した。

■艦首甲板付近の製作

キットのモールドを極力活かしている。アンカーチェーンはエッチングパーツの汎用品に置き換え。艤装関係についてはボラードはアドラーズネスト社の製品、キャプスタンはファイブスター製品、ケーブルホルダー・チェーンパイプ等の艤装関係はGenuine model製品を使用してディテールアップ。リノリウム押さえはモールドを削り取り、自作したものを設置した。

■艦橋の製作

製作のキモとなる艦橋。ここはキットの出来が大変素晴らしいので、そのパーツをベースにしている。キットは艦橋と第一煙突が一体成型されているので、ディテールアップしやすいように切り離して別々に作業した。特徴的な遮風装置はキットのモールドを活かしながら汎用メッシュを使い、それらしく表現している。メインマストは0.2mmの真ちゅう線を基本に自作したもので再現した。マスト中央部にある二二号電探はアドラーズネスト製品を使用。また、艦橋天井部に土嚢を設置、艦橋前部にある機銃座には防弾ロープを這わせて、戦闘中の雰囲気を演出。防空指揮所の双眼鏡はジュニインモデル製品を使用し、伝声管を設置して精密感を出した。

■甲板上の艤装について

主砲はキットのものをベースに使用。砲身をアドラーズネストの新製品である真ちゅう砲身に変えてディテールアップした。砲身基部の防水布はリューターでシワを強調する。また、資料を見ながら周囲にジャッキステーを取り付けた。島風の特徴のひとつである五連装魚雷発射管はピットロードのNEOシリーズをベースにしている。キットのパーツも大変良いものだが、ピットロードは魚雷と発射管が別パーツなため、塗りわけがしやすいという利点がある。魚雷発射管のモールドを削り、各種モンキーラッタルをアドラーズネストのフックを使用し再現した。

■船体中央部の機銃座2ヵ所と後部マストについて

船体後部の機銃座は支柱がキットでは左右1ヵ所ずつの構造になっているが、実際の艦は左右2ヵ所ずつの合計4ヵ所となるようなので、それらしく自作している。探照灯はファインモールドのナノドレットシリーズ、25mm三連装機銃にはベテランモデルのエッチング製品を使用。前後機銃座には防弾ロープを取り付け、後部マストはキットを参考に0.2mm真ちゅう線をベースに自作した。この時、マスト上部は作品ではT字型(横棒)だが、実際の島風はX型という説もあるので、自作される際は注意!

■煙突について

艦橋から切り離した第一煙突の切り離し部分をプラ材で延長し、実際の艦と同じように艦橋の一部に煙突の一部分が入り込む形状に工作している。モールドはすべて削り取り、汎用のエッチングパーツでジャッキステーなどを作り込みディテールアップした。なお、蒸気捨管はプラ材や真ちゅう材を使って作り直している。

■積載艇および積載物について

7.5m内火艇は、ピットロードの新WWII日本海軍艦船装備セットのものを使用しディテールアップ。応急木材はプラ材を塗装して使用した。この辺の装備と艤装は作品をより精密に見せることができるので、しっかりと作り込むようにしている。

■艦尾甲板について

艦尾甲板はキットのモールドを全て削り、汎用のエッチングパーツに置き換えている。この時に爆雷のラッ

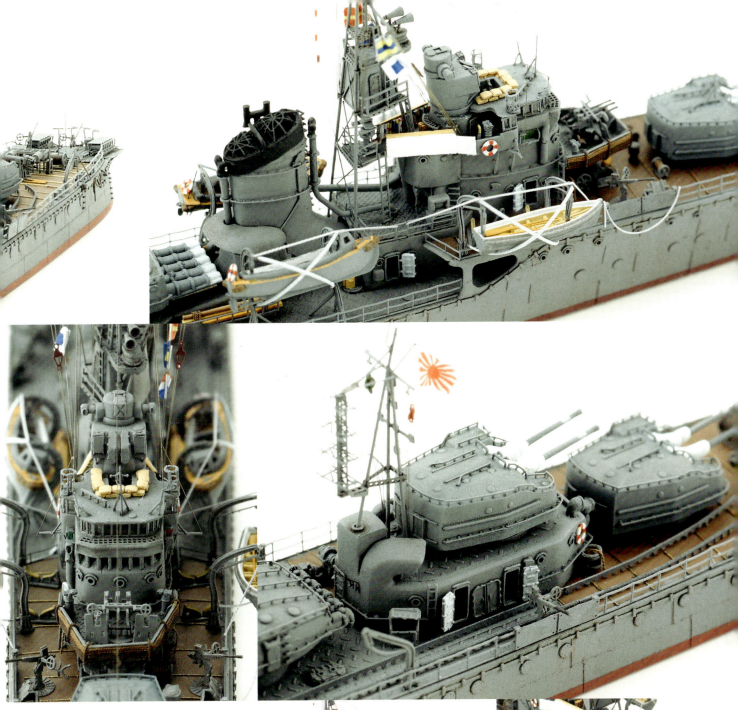

クに爆雷がないと寂しいので、0.6mmプラ材を使って爆雷を再現し搭載した。最後尾には煙幕発生装置を設置。リノリウム抑えは自作したものを使用し再現している。

■仕上げについて
艦の最終艤装(張り線や汚し、旗の設置等)すべて完了したところで、ツヤ消しクリアーを全体的に吹き付けて乾燥させる。その後、完成した艦を撮影して画像による最終チェックを行ない、手直し完了後に専用ケースに設置して完成。

■製作後の感想
タミヤの最新キットということで期待に胸を膨らませていたが、予想を上回る大変素晴らしい内容のキットだった。そのまま組んでみると設計者の創意工夫が随所に見られて、「さすがだな」と感心することばかり。また、発表時に艦首部分のパーツの合わせ目が少し話題になったが、私は全く気にならなかった。艦船模型を始められる方には大変組みやすく、ディテールアップ派にはベースキットとして申し分ないこのキット。製作される際に、今回の記事が少しでもお役に立てれば幸いだ。■

マストに取り付けている張り線はアユ釣り用の金属線を使用している。張り線の表現にはモデルカステンから発売されているメタルリギングシリーズも入手しやすくおすすめだ。本作品には0.04号のいちばん細いラインを使用。張り線のつけ方のコツは、ゼリー状瞬間接着剤を使いその粘度を利用して、仮の保持力を上手く利用して取り付けている。また、金属線は巻かれた状態で製品化されているので、どうしても多少の巻き癖がついている。これを逆にうまく利用して張り線のたるみを再現する。たるみがきれいに並ぶように取り付けるのがコツだ

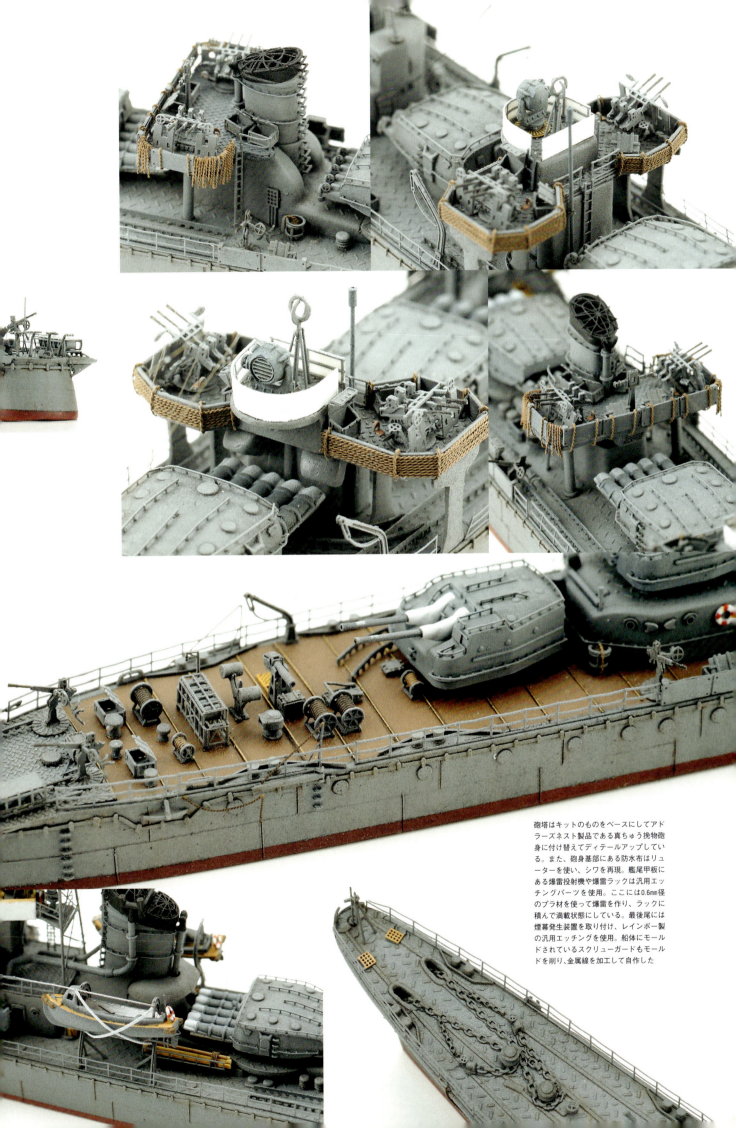

砲塔はキットのものをベースにしてアドラーズネスト製品である真ちゅう挽物砲身に付け替えてディテールアップしている。また、砲身基部にある防水布はリューターを使い、シワを再現。艦尾甲板にある爆雷投射機や爆雷ラックは汎用エッチングパーツを使用。ここには0.6mm径のプラ材を使って爆雷を作り、ラックに積んで満載状態にしている。最後尾には煙幕発生装置を取り付け、レインボー製の汎用エッチングを使用。船体にモールドされているスクリューガードもモールドを削り、金属線を加工して自作した

▲島風の船体にはあらかじめ完成時の展示台に固定するねじをセットできるように工夫がされているので、カバーのパーツのくぼみに穴を開け、蓋をするかたちで船体パーツ内部にナットをセットする

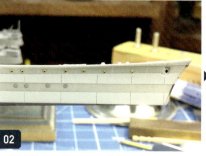

▲船体の舷窓は0.4mmピンバイスにて穴を開けてから汎用エッチングパーツを取り付ける。最終時仕様にしたので、下の段の舷窓は蓋をしている。船体の外鈑の継ぎ目表現は横のラインをサーフェイサーの厚塗りで、縦のラインはスジ彫りにて再現した

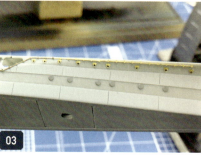

▲舷外電路はキットのモールドも非常にシャープで良いのだが、今回はモールドを削り、汎用エッチングパーツにて再現。こちらの手法の方が、舷外電路を後から取り付けた感がしっかり出るので個人的には好きな表現だ

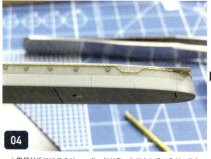

▲艦尾付近にはスクリューガードがモールドされているが、こちらも削り後ほど再現する。船体のモールドの跡を利用して舷外電路を貼り付ける

▲船体にモンキーラッタル（アドラーズネスト製品）やスクリューガード、係船桁を自作して取り付ける。この係船桁はディテールアップすると目立つのでおススメだ

▲艦首甲板のディテールアップ。極力キットのモールドを活かし、チェーン部分のみ慎重に削り、汎用エッチングパーツに変更。この時一番細いチェーンを使ってチェーンストッパーを再現すると精密感がグッと増す。ボラードはアドラーズネスト製品に交換している

▲艦尾甲板のディテールアップはキノコ型通風口やボラードをアドラーズネスト製品に置き換えている。フェアリーダーや波切板はエッチングパーツに置き換えてシャープにした。滑り止めモールドもかたちに合わせて汎用エッチングパーツを切り出す

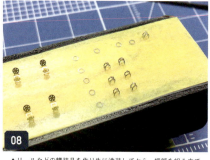

▲リールなどの艤装品を作り先に塗装してから、細部を組み立てる。このほうが塗り残しが出ないので、先に塗装してから組み上げることはよくあることだ

▲電探並びに爆雷装置などは先に組んでから塗装していく。これらのパーツも単体で仕上げて汚しまで済ませた方が、汚しムラや塗装の吹き付け残しを防ぐことができる。爆雷はプラ材を切り出してセットしている

▲艦橋基部と第一煙突は、キットでは一体成型されているで煙突を切り離して加工しやすくする。また、実際の艦の構造のように艦橋基部に煙突の基部前方部が入り込むように細工する

▲艦橋の作り込み。艦橋前面の遮風装置は島風の特徴なので、汎用パーツでディテールアップしている。また、ジャッキステーを周囲に回し、各種ハッチなど資料を見ながら設置する。側面のハシはオープン仕様にするので四角く穴を開けておく

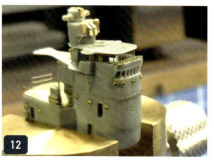

▲艦橋の窓枠はジョーワールド製の汎用パーツ。この窓枠設置時の注意点は、天井との間に隙間が生じやすく何度も調整して隙間が目立たないように工夫する。天井部分は、塗装が完了後にガラスを再現してから取り付ける

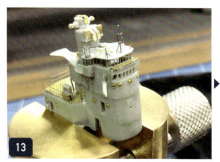

▲各種アンテナや手旗信号台、支柱や吸気口を作り込んでおおまかに艦橋が完成。これから塗装して汚しまで終えてから最終的な組み立てに入る

▲島風最大の特徴である5連装魚雷発射管。キットのものも大変素晴らしいのだが、ピットロード製を使用。これは魚雷部分が別パーツのため弾頭部分の塗り分けが簡単に済むからだ

▲キットのモールドを削り、ジャッキステーの汎用エッチングパーツでディテールアップ。側面にあるモンキーラッタルも同様に作り変えている

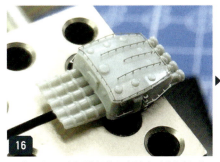
▲ジャッキステーを取り付ける際は、各角をきっちり曲げることや接着剤のはみ出し、ジャッキステーが歪まないように注意する。最初はうまくいかないことが多いが、数をこなすときれいに取り付けられるようになる

▲煙突の工作。こちらはメインにレインボー製の汎用エッチングパーツを使用してディテールアップ。こちらのジャッキステーも水平のライン出しに充分留意して取り付けていく。蒸気捨て管は真ちゅうパイプで作り直した

▲煙突トップのこの格子状の部分は同じくレインボー製の汎用パーツを使用。この格子の脚をきれいに煙突本体に付くように取り付けるのは難易度が高いが、出来上がると非常に見栄えがするので是非チャレンジしてみてほしい

▲艦橋や煙突、魚雷発射管を船体にセットする。途中で組んでみるのはモチベーションアップのためもあるが、各構造物が干渉しないかチェックする目的がメイン。せっかく作り込んでも、最後に合わない！という事にならないように途中で何度も確認するのがポイント

▲第二砲塔の基部を作り込む。資料を見ながらジャッキステーやモンキーラッタル、吸気口など、必要に合わせて追加していく

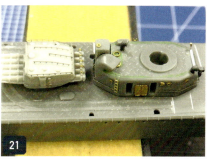
▲ある程度工作が完了したら船体に置いてみて干渉しないかチェックする。ディテールアップしても魚雷発射管に干渉しては台無しになるので注意しよう

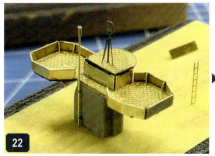
▲機銃座の工作。防弾板の内側に三角の補強板を追加すると精密感がアップするので、取り付けよう。この時、やはり機銃が収まるか確認してから補強板を取り付けよう。ごくまれに板を付けると機銃が置けなくなることがあるので注意

▲機銃座を塗装し、防弾ロープを細工する。この時点で汚しまで終わらせておき、自作のロープを一本一本巻き付ける様に取り付ける。この時も瞬間接着剤が過度にはみ出たりしないように細心の注意をしながら取りつけていく

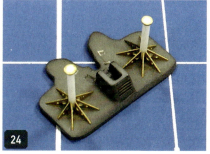
▲別の機銃座の裏側。こちらは支柱があるタイプなので支柱をプラ材で作り直し、三角補強板をエッチングパーツに置き換えている

▲艦橋前面にある機銃座をエッチングパーツにてディテールアップした。こちらも各種機銃座同様に内側に補強板を設置している

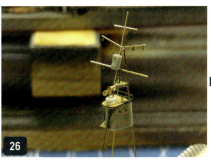
▲メインマストの製作。キットの電探室をベースに0.2mm真ちゅう線でマストを組んでいく。二号電探はアドラーズネスト製品だ

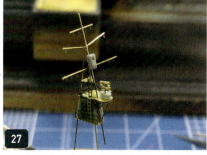
▲細かい支柱やハッチ、手摺を取り付けて完成。この状態でやはり塗装して汚しまで終わらせる。マストの水平・垂直には充分注意して組んでいこう

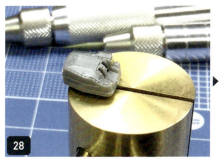
▲主砲の工作。このような駆逐艦の主砲など細かい作業をする場合にはバイスを用意して、持ち手部分を用意すると作業がしやすい。写真のバイスは非売品だが、色々なバイスが発売されているので試してみてほしい

▲主砲本体のモールドを削りジャッキステーを取り付けていく。こちらも寸法や形状をよく考えながらジャッキステーを加工して取り付ける。モンキーラッタルも資料に合わせて各箇所に設置する

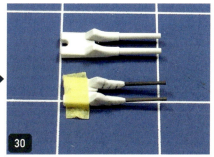
▲主砲の砲身と防水カバーの比較。砲身はアドラーズネスト製品、防水布はキットの物をベースにリューターでシワを強調している。シワ部分には汚しで影を入れて立体感が出るようにしている

31

▲7mカッターボートはファインモールド製品をチョイス。塗り分け方法は、内側を白でエアブラシで吹き付けて、タミヤエナメルのデザートイエローを筆塗りで仕上げている

32

▲完成した状態。エナメル塗料であれば多少のミスは落とせるので安心して仕上げられる

33

▲大きなところはモデルカステンの田中流筆、細部はアイフィニッシャーを使用。細かい作業にもぴったりで個人的に大変気に入っている

34

▲7.5m内火艇はピットロード製品をベースに汎用エッチングパーツで追加工作。操舵室部分の窓を四角く穴開けをするだけでも雰囲気が出る。塗り分けについては、エアブラシによる吹き付けと筆塗りで再現

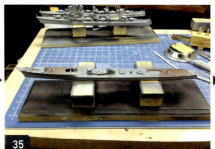

35

▲船体の塗装完了時の状態。基本塗装はエアブラシによる吹き付け。艦底色には赤色の強いあずき色（GSIクレオス C81番）を使用している

36

▲魚雷発射管の塗装を完了した状態。先端を白く塗装すると情報量が増える。この時点でも汚しまで完了させておく

37

▲砲塔部分も同様に塗装・汚しを完了させてから砲身を取り付けていく。ジャッキステーなど繊細なパーツは汚し作業中にとれたりすることもあり、すぐに手直しできるように先に塗装や汚しを終わらせる

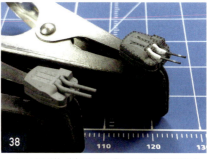

38

▲キットとの比較。砲身の先に白の帯を入れると情報量が増し作品の解像度が上がる。防水布のシワを追加したのも効果が出ている。砲身は特に水平・垂直に注意し綺麗に並べて取り付ける

39

▲砲塔を船体に仮置きする。ここでも干渉しないかをチェックしよう。吸気口が一部干渉してしまったので追加工作している

40

▲艦橋から主砲などを設置してみた状態。製作途中に何度も仮置きして全体を確認しながら作業を進めていく

41

▲艦橋の窓枠にガラス（透明プラ板）を設置して天井部分を固定し、最終仕上げを完了したもの。天井部分に土嚢を置いて戦闘時の雰囲気を演出。両脇の舷灯は右側が緑、左側が赤に塗り分けて取り付けると精密感がアップする

42

▲各種アンテナ等も破綻がないか？ 塗装漏れ、汚し過ぎの箇所がないか？ などを入念にチェック。特に艦橋は目が行きやすいので注意しよう

43

▲緩衝材置き場を仕上げたもの。中の緩衝材はエポキシパテで丸めたものに穴を開けて、自作ロープを差し込んで垂らす予定

44

▲第二砲塔基部の構造物に緩衝材置きを取り付けてみた。各種駆逐艦によく見られるものなので作ってみたら、いいアクセントとなった

45

▲機銃座の最終仕上げ。防弾ロープを貼り付けて戦闘状態の雰囲気を出す。探照灯はファインモールドの「WA5汎用探照灯セット」をベースにディテールアップ。機銃はベテランモデル製品のエッチングパーツを組んだものだ

R FACTORY SUPER SKILLFUL WARSHIP BUILD WORKS

46 ▲機銃座の設置スペースを考えて空いているスペースに弾薬箱を置く。当時の写真でよくみられる手摺に白布を巻いてる仕様にして色彩を豊かにする。軍艦はどうしてもグレー一色になりやすいので極力違う色が使える場合は取り入れる

47 ▲煙突の塗装。上部の黒い部分もマスキングによる吹き付け。ジャッキステーやモンキーラッタルの影響で境目がしっかりと出ない場合があるが、筆にリタッチしながら仕上げていく。この色の境目もきっちり塗り分けると精密感が出る

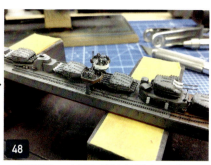

48 ▲魚雷搬出用レールを設置して機銃座を仮置きする。調整をしっかり行なっていたおかげですんなりセッティングが完了した

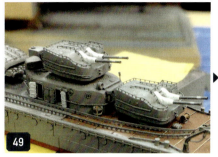

49 ▲内側を白で塗り分けたハッチを取り付ける。エッチングパーツに合わせて四角く穴を開けてきれいに収まるように取り付けよう。この部分も目が行きやすいので、取り付けには充分注意しよう

50 ▲機銃座は手摺に防弾板を仮設で取り付けて、残りの部分に防弾ロープを垂らしたバージョン。現地改修している雰囲気を出すように心がけている

51 ▲応急木材はプラ材をベースに丸や四角い部材をミックスして自作のロープで縛るようにして表現。この応急木材も作品全体の彩度をあげるうえで重要なパーツだ

52 ▲機銃座2ヵ所も設置が完了。この時にも水平・垂直には充分注意しよう。また、各種ラッタルもこの時点で取り付けておく

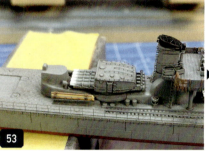

53 ▲応急木材を設置し、手摺の設置に着手。手摺は予め塗装を終らせている汎用エッチングパーツ。手摺には真ちゅう製とステンレス製の2種類があり、両者とも長所短所があるので、好みで使い分けよう

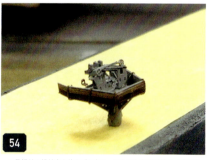

54 ▲艦橋前の機銃座を仕上げたもの。こちらも当然防弾ロープを巻いて防弾強化させている

55 ▲艦橋後部に設置する信号旗収納箱。こちらは、旗のデカールを応用して曲げたものを並べていくことでそれらしく見せている。この色豊かな旗がチラリと見えると雰囲気がかなり高まる

56 ▲艦橋に信号旗収納箱を設置したもの。一円玉との比較で艦橋の大きさもわかりやすい。このように単純なグレー一色の艦橋でも、色々な物が隠れている。それを再現することにより精密感が格段にあがり、作品の彩度もあがる

57 ▲艦橋を本体に設置し、両脇のボートダビットと7mカッターボートを設置する。このボート設置は特に難しいので時間をかけて破綻のないように慎重に取り付ける。ボートを固定する結束バンドもたるまないように注意しよう

58 ▲メインマスト以外が組みあがった状態。各種パーツを入念にチェックする。特にマストなど設置すると手が届かないところが出てくるので最終チェックはとても重要だ

59 ▲メインマストを設置して最終調整をする。各支柱や干渉するところをチェックして水平垂直がしっかり出るようにセッティングする

60 ▲セッティングが無事に完了したら、メインマストに張り線を取り付けてから本体に設置。このほうが、細部の張り線がやりやすいのと、作業時に他の部分を壊す危険性が少ないためだ

▲後部マストも同じく張り線や旭日旗の取り付けなどを完了してから本体に設置する。この旭日旗はキットに付属している紙製のもの。この旭日旗を加工してなびかせるように癖をつけて取り付ける

▲メインマストに旗を取り付けた。こちらの旗はデカールをアルミ箔に貼り付けて乾燥後に風になびくように細工してる

▲最後に各種張り線をしていく。張り線はアユ釣り用の金属線で一番細い物を使用。張り線は細くなればなるほど難易度が上がるので、まずは太めのもので慣れていくと良い

▲張り線が終わったら、碍子をつけて工作か完了。この後は艦橋のガラス部分をマスキングしてから全体をツヤ消しクリアを吹き付けて完成だ

▲完成。素組のキットと完成品を比較した写真。タミヤの島風はご覧の通り素組で組んでも大変バランスが良く、パーツ同士の合いもきれいで、初心者の方にも作りやすい好キットだ

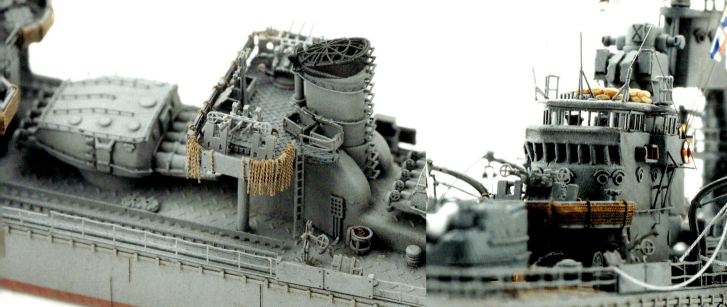

作品を生み出す独自の工廠を見る

笹原氏の作業机は、作業台の高さ、照明の向きと光量、各セクションへのアクセス性、作業姿勢への配慮など、より使いやすさを追求して進化してきた。数々の超巧作品の輩出とともに研ぎ澄まされたこの工房自体もまた、笹原氏の作品のひとつと言えるのかも知れない

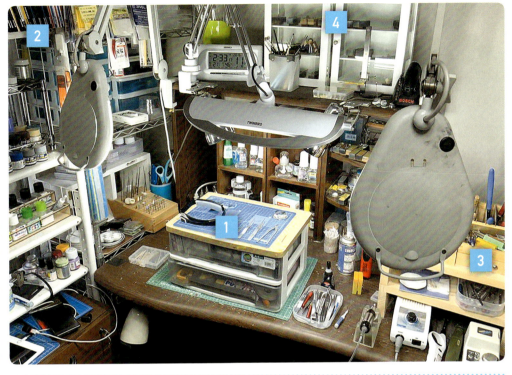

「基本的に面倒くさがりな性格なので」と語る笹原氏が、椅子に座ったまま各種工具類や資料、素材に手が届くようにと、試行錯誤の末に落ち着いたのが現在の作業スペースのレイアウト。艦船模型の性質上、精密作業が多いので手元は明るいに越したことはないのだが、残念ながらこの作業部屋は北向きの書斎なため少々薄暗い。そんな現状を打破すべく、手元の明るさを確保できるよう作業台を照らす照明は3基用意している。加えてあらゆる角度から対象物を照らせるようにと、左右に配置した照明はアーム可動式のモデルを取り付けた。試行錯誤の後にたどり着いた最良のかたちなので現状の部屋に不満はないが、「欲を言えば今後は机を昇降式のものに」と買い替えを思案中とのこと。■

1 メインの作業スペースは工作物と目が近くなる"高さ"がポイント

▲スイスの時計職人が使用する作業台の高さにヒントをもらい、小さな作業台をセットして作業面の高さを確保。視点が近くなり腰をかがめなくて済むので、腰を痛めることはなくなった

2 調べたい時にすぐに資料を取り出せる環境はとても重要なのだ

▲作業台の脇には飛行機を製作する際に重宝する『丸メカニック』系や、工作のヒントとなる『ダイオラマパーフェクション』、『あなたの知らない兵器』などの資料書籍がすぐに取り出せるようになっている

3 工具類などは用途に応じてまとめてスタンドに収納する

▲工具はすぐに取り出せるよう卓上の整理箱に収納している。Gパーツ製の木製整理箱は、各種ニッパーやピンバイス、タガネ、ヤスリなどをそれぞれ使い勝手よく分別して置けるため非常に重宝している

4 製作途中の完成したパーツを保管しておくためには

▲艦橋や艦載機、機銃など各パートごとに完成させて最後に組み合わせるブロック工法が笹原流。完成させたパーツは埃などから守る収納棚に保管する。これはホームセンターで購入した宝石用収納棚だ

作品の出来を左右すると言っても過言ではない特注品の塗装ブース

▲塗装ブースは模型仲間のMOTO6氏に依頼した特注の大型ブース。ニミッツ級でも充分置けるサイズがあり、吸引力も段違いにいい。照明やキムワイプ置きなど、非常に使いやすい仕様になっている

精密工作時に重要なのは、じつは身体にあったこだわりのイス選び

▲作業環境向上のため、以前から欲しかったアーロンチェアを約一年前から導入。各メーカーの作業用チェアを試し、前傾作業に適しているものを選んだ結果がハーマンミラー社のアーロンチェアだったのだ

帝国海軍水上機母艦
秋津洲

I.J.N Seaplane Tender AKITSUSHIMA
AOSHIMA 1/700 Scale
Injection-plastic kit

小さな船体に巨大な飛行艇と背の高いデリック そのアンバランスさが作品に魅力をもたらす

　今回の作品製作のきっかけは九七式飛行艇にあったのだという。1/700スケールの艦載機の精密ディテールアップに長けた笹原氏にとってあらたなステップアップとして新技法を取り入れた九七式飛行艇。よく見ると胴体側面のブリスター型の観測窓はヒートプレスで抜かれている。高翼でパラソル翼の構造も模型的な魅力を増している。そんな九七式飛行艇を搭載、整備する秋津洲だがもちろんこちらも徹底的なディテールアップが施されている。笹原氏の作品を見たことがある方ならばすでに当たり前かもしれないが精密に美しく整えられた船体はいつまで眺めていても飽きることがないだろう。
　この秋津洲の見どころのひとつは甲板上に張られた天幕の工作。南方戦線ではよくこのような天幕が張られている艦をみかけるが、天幕を支える卜の支柱の構造が透けて見えるように工夫されている。これはこれまでの艦船模型では見たことがない表現だ。これひとつ取ってもまだまだ笹原氏の作品が進化し続けていることがわかるだろう

多色成型も取り入れられた2017年発売の最新キット

ウォーターラインシリーズ、青島文化教材社のインジェクションプラスチックキット。秋津洲はその独特の形状でマイナーな特務艦の中では例外的に人気がありピットロードからも1999年にキット化されている。青島文化教材社のキットは2017年に発売された最新のもの。実艦は飛行艇母艦（艦種類別上は水上機母艦だが）として建造されたものでキットには二式大艇と九七大艇、魚雷艇が付属している。「飛行艇母艦になぜ魚雷艇？」と疑問に思わ れるかもしれないが、これは実艦が大戦末期、後部の飛行艇搭載スペースに魚雷艇を載せて輸送任務についたことからだろう。ウォーターラインシリーズといえばグレーの成型色のパーツが思い浮かぶだろうが、秋津洲はリノリウム甲板部分を赤茶色のパーツとしている。他にも竣工時に施された特徴的な迷彩塗装を簡単に再現するため迷彩デカールが付属するなど塗装の工程のハードルを下げるような工夫が盛り込まれている

後部デリック
九七式飛行艇や二式大型飛行艇などの四発大型飛行艇を艦上に吊り上げるためのもの。なお、秋津洲が飛行艇を艦上に搭載するのは整備を施すためで、その状態で作戦行動するわけではない

九七式飛行艇
水上機王国川西航空機が積み重ねてきた技術の結晶であり、近代的四発飛行艇のはしり。大日本航空など民間でも川西式飛行艇の名で多用され、太平洋戦争では長距離索敵で大いに活躍した

飛行作業甲板
艦種類別上は水上機母艦となっている秋津洲の本質は漸減作戦の一翼を担う長距離飛行艇の移動基地として使用すること。補給や搭乗員の休養がその主な任務だが、絶えず海水に浸かっている飛行艇の底を点検、補修することも重要で、そのための広い甲板とデリックが設けられていた

繋船桁
陸上や他の艦艇と行き交うために使う内火艇などを一時的に繋ぎとめておくもので、航行時には船体に沿って折りたたまれる

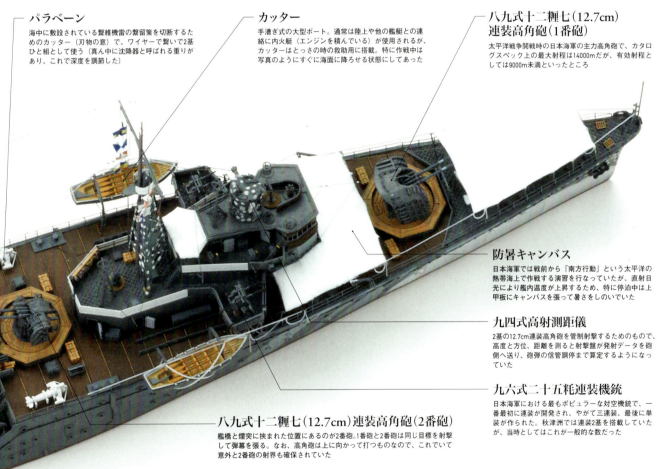

パラベーン
海中に敷設されている繋維機雷の繋留索を切断するためのカッター（刃物の意）で、ワイヤーで繋いで2基ひと組として使う（真ん中に沈降器と呼ばれる重りがあり、これで深度を調節した）

カッター
手漕ぎ式の大型ボート。通常は陸上や他の艦艇との連絡に内火艇（エンジンを積いでいる）が使用されるが、カッターはとっさの時の救助用に搭載。特に作戦中は写真のようにすぐに海面に降ろせる状態にしてあった

八九式十二糎七（12.7cm）連装高角砲（1番砲）
太平洋戦争開戦時の日本海軍の主力高角砲で、カタログスペック上の最大射程は14000mだが、有効射程としては9000m未満といったところ

防暑キャンバス
日本海軍では戦前から「南方行動」という太平洋の熱帯海上で作戦する演習を行なっていたが、直射日光により艦内温度が上昇するため、特に停泊中は上甲板にキャンバスを張って暑さをしのいでいた

九四式高射測距儀
2基の12.7cm連装高角砲を管制射撃するためのもので、高度と方位、距離を測ると射撃盤が発射データを砲側へ送り、砲弾の信管調停まで算定するようになっていた

九六式二十五粍連装機銃
日本海軍における最もポピュラーな対空機銃で、一番最初に連装が開発され、やがて三連装、最後に単装が作られた。秋津洲では連装2基を搭載していたが、当時としてはこれが一般的な数だった

八九式十二糎七（12.7cm）連装高角砲（2番砲）
艦橋と煙突に挟まれた位置にあるのが2番砲。1番砲と2番砲は同じ目標を射撃して弾幕を張る。なお、高角砲は上に向かって打つものなので、これでいて意外と2番砲の射界も確保されていた

帝国海軍水上機母艦 秋津洲

秋津洲は艦種類別的には水上機母艦だが実際には飛行艇を整備するために設計された。当初は艦尾にスロープを設置して飛行艇をウィンチで引き上げ整備する計画だったが実用上無理があるとされ大型クレーンを設置した。
帝国海軍では大戦末期を除き迷彩塗装を施した例は少ないが秋津洲はその数少ない例外である。これは本艦の初代艦長である黛治夫大佐のアイデアによる。艦首に描かれた艦首波は敵潜水艦から攻撃を受けた際に速力を誤認させるためだったのだろう。本艦の迷彩は緑系の色で表現されることが多いが今回の作例ではあえて模型のパッケージに似せてモノトーンで仕上げた

R FACTORY SUPER SKIILLFUL WARSHIP BUILD WORKS

今回の秋津洲の迷彩は、一般的に馴染みのあるグリーンを基調としたものではなく、アオシマのボックスアートに描かれているグレーが基調の迷彩にしている。基本的に船体色のグレーの呉工廠色を吹き付けた後に、マスキングを行ない迷彩色を順次吹き付けている。艦首やクレーンなどにある白い丸の迷彩は、筆ではなくて丸い棒（真ちゅう棒）を使ってスタンプする様に手書きで再現した

■キットについて
　現在、秋津洲のキットはアオシマとピットロードの二社から製品化がなされており選択に悩むところだ。今回は新規金型のニューキットとして発売されたアオシマ製品をチョイス。徹底的に手を加えた九七式大型飛行艇に合わせてディテールアップを施した。

■船体の修正
　船体のプロポーションは良好で、キットのままストレートに組み上げても充分にそのディテールを楽しむことができる。まずは船体側面の舷窓をピンバイスで開口し汎用エッチングパーツでディテールの追加、船尾のモンキーラッタルを汎用エッチングパーツの流用で再現といった定番工作を施した。また船体側面の外鈑にある段差はマスキングテープを貼ってサーフェイサーを厚塗り、スジ彫りと併用することで表現している。今回のディテールアップに際してはアーティストホビー製のスーパーエッチングセットをメインに使用したが、これは本来、ピットロード用に設計された製品だ。そのため滑り止めモールドの施された甲板用エッチングパーツの一部が船体とフィットしない箇所があり、調整することでこれに対処した。前述の理由から艦尾に設置された大型クレーンの基部もピットロード製品から移植して組み立てている。当然だがアオシマ専用エッチングパーツを素直に使用していればこういった加工はすべて不要となる。

■艦首甲板付近の製作
　艦首のパートはキットのモールドを極力活かして製作しているが、リノリウム押さえはモールドを削り落とし自作したものを設置して再現している。アンカーチェーンは汎用のエッチングパーツに置換。艤装関係について、ボラードはアドラーズネスト社、キャプスタンはファイブスター社、ケーブルホルダーやチェーンパイプなどはGenuine model社の製品をそれぞれ使用してディテールアップを行なっている。

■艦橋の製作
　艦橋はアーティストホビー製スーパーエッチングセットに封入されているパーツを組み立て製作した。エッチングパーツのメリットとして、窓枠をはじめ各部のディテールが大変シャープにできていることが挙げられるが、当然ながらゲート処理や折り曲げ加工といった通常のインジェクションキット製作とは異なる工作技術を必要とする。艦橋内部にはグレーチングや双眼鏡、伝声管などのパーツを配置し、窓には透明プラ板を取り付けガラス表現を行なっている。艦橋の前面には0.06mmの銅線によって製作、塗装まで完了した自作のロープを垂らし防弾仕様を表現、戦時中の物資が不足している状況を鑑みてその雰囲気を再現した。なお防空指揮所などの双眼鏡はGenuine model製を使用、くわえて伝声管を設置して精密感を演出した。

■甲板上の艤装について
　前部主砲（高角砲）はピットロードのNEOシリーズをベースに、アドラーズネスト製の真ちゅう砲身に変更するなどの加工を行ないディテールアップした。後部主砲（高角砲）はファインモールドのナノドレッドシリーズのパーツをベースに、アドラーズネスト製の金属砲身やフックを取り付けディテールアップを行なった。なお艦橋の脇に設置された25mm二連装機銃はベテランモデルのエッチングパーツを使用している。

■煙突について
　煙突はキットのパーツをベースに、モールドなどはすべて削り取ってから汎用エッチングパーツを使用してジ

艦橋わきの25mm連装機銃はベテランモデルのエッチングパーツを組み立てたもの。笹原氏曰く、一回り大きめのサイズが難点だがプロポーションや細部の表現が良いので愛用しているのだとか。ブルワークには防弾板を追加して戦闘状態の雰囲気を演出。防弾板は汎用のエッチングパーツからの流用だ

ャッキステーを製作。また蒸気捨て管はプラ材や真ちゅう材などで作り直している。

■積載物について
　甲板上に配置した木箱、工作箱、酸素ボンベをはじめとした備品関係はファイブスター社の汎用エッチングパーツから製作した。発動機はレインボー社製品をベースに台座などを自作し、試運転中の雰囲気を表現している。応急木材はプラ角材を組み合わせ、塗装してから自作のロープで束ねて仕上げる。こういった装備や艤装は作品をより精密に見せることができる需要なポイントとなる。小さいパーツだからと手を抜かず、しっかりと作り込むことで作品の完成度が違ってくるのだ。

■艦尾甲板について
　艦尾甲板はキットのモールドを全て削り、汎用エッチングパーツに置き換えることで、よりシャープな造形と情報量の向上を得た。艦尾に設置された爆雷投下装置はエッチングパーツで精密感こそあるものの爆雷そのものは再現されていない。ここでは0.6mmプラ材を使用して爆雷を再現し搭載した。なおリノリウム押さえも自作したものを使用している。

九七式大型飛行艇は今回の作品の主役でもあるで、できる限り手を加えている。各種窓はくり抜き、透明なドーム状のところはヒートプレス加工にて再現。また、点検中の雰囲気を出すために、エンジンカウルをオープンにしてエンジンを見せる様に工作。プロペラ＆スピナーはアドラーズネスト製品を使用している

今回の秋津洲は南洋にて大型飛行艇を整備する風景にしたいと考え、各種テントや天幕を設置。また、各種資材を適度に配置して動く整備工場の雰囲気を損なわないように心がけた。各木箱や工具箱、弾薬箱などはファイブスター製のエッチングパーツを使用。航空魚雷はアドラーズネスト製品、試運転しているエンジンはレインボー製品。舷外電路と舷窓については、今回は船体の一部加工もあったため、いったんモールドを全て削り新たに汎用エッチングパーツにて再現しなおしている。特に舷外電路については実際の艦艇でも後から付けたものなので、エッチングパーツによる再現は実艦と同じく後付で取り付けた雰囲気が出ている

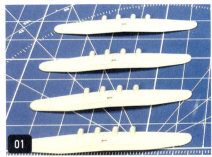

▲九七式飛行艇の製作は、まず主翼から工作を開始した。モデラー仲間から提供していただいた0.2mmピッチのオリジナル極小リベットルーラーを使用してリベットを打ち込んでいく。資料を参考にするが、あくまで雰囲気重視で打ち込んでいくのがポイント

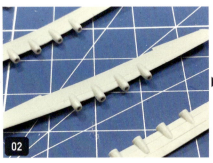

▲主翼後部のフラップは九七式飛行艇の大きな特徴のひとつであり、今回はその動きを表現する。まず主翼のフラップ部を丁寧に切り取り、フラップ本体はプラ板で新規に作成、ダウンした状態で取り付けて作動状態を再現する

▲九七式飛行艇は4発機だが、今回は艦上での点検整備の状態を再現するためエンジンが見えるように加工する必要がある。4基のエンジンカウルの先端部をすべて切り取りディテールアップの準備をする

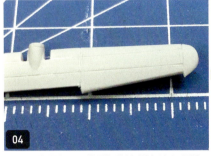

▲主翼の補助翼もフラップと同様、動きを表現するために切り取った。補助翼はプラ材で自作してこちらもダウン状態で取り付ける。またエンジン両脇にエンジン点検用の足場を自作取り付けるため、その設置スペースをあらかじめカットして確保しておく

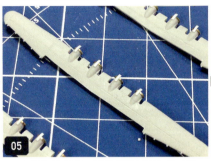

▲エンジンにカウルフラップを巻き付けるなどのディテールアップ工作を行なう。カウルフラップは汎用のエッチングパーツを流用、加工して作成した。また補助翼を取り付ける基部のディテールをプラ材で追加しておく

▲補助翼とフラップを主翼に取り付け固定する。フラップ上に点検用の足場が確認できたため、汎用エッチングパーツを使用してこれを再現。のちに機体本体と主翼とを取り付けてからここに梯子を取り付けることになる

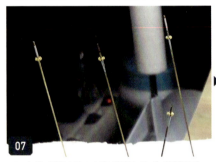

▲エンジンの組み立て。エンジン自体はレインボー製の汎用パーツとして発売されているのでこれを使用。エンジンパーツを真ちゅう線に刺して持ち手にし、全体をシルバーで塗装しスミ入れを施して完成させておく

▲主翼部の塗装を完了させ、エンジン部分を組み立てる。エンジンとカウルの位置関係を確認し、微調整を繰り返しながら慎重に取り付ける。主翼の白帯はマスキングによる吹き付け塗装、日の丸はデカールを貼り付けて再現した

▲エンジン周辺の細部工作に取り掛かる。エンジン両脇に自作した点検用足場とエンジン点検用ハッチを取り付ける。最後に点検ハッチを固定するための支柱を金属線を使用して設置、再現した

▲プロペラとスピナーの組み立てを行なう。プロペラとスピナーはアドラーズネスト製、それぞれが別パーツとなっており塗装時の塗り分けも容易という優れもの。プロペラに施された黄色のラインはエアブラシによる吹き付け塗装で再現した

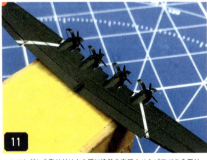

▲エンジンを取り付けた主翼に塗装を完了させたプロペラを取り付け主翼を完成させる。エンジン点検用のハッチは曲げ癖をつけたプラペーパーを使用している。ハッチの開放具合は4基が綺麗に揃うよう調整しているのが確認できる

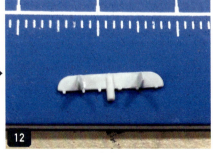

▲尾翼の製作を開始する。モデル自体は大変小さいサイズだが、パート毎に作業を進めて最終的に組み立てるのが綺麗に仕上げるコツ。こちらも主翼と同様に可動部分となる昇降舵、方向舵をあらかじめ切り取っておき、可動状態を再現すべく準備しておく

▲自作した方向舵、昇降舵、フロート、尾翼の各パート。昇降舵と昇降舵はプラ材で作成した。この状態で塗装までを完了させるが、小サイズゆえに塗膜の厚みがスケール感に如実に影響する。塗装は基本的に小さい部品であってもエアブラシを使用した

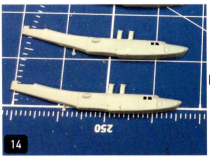

▲機体本体の加工を開始する。今回はピットロードの製品を使用したが、その理由のひとつが機体の左右分割で加工が容易となる点だ。機体の裏側からリューターを用いてパーツを薄く削り込み、窓をくり抜きやすくなるよう下処理を行なっておく

▲各部の窓枠を丁寧にくり抜いていく。技法としてはまずピンバイスで大まかに開口、スジボリ堂のタガネを使い、窓の四隅が四角くなるように丁寧に削り込んでいく。最終的にバローベの#6クラスの角ヤスリで微調整し形状を仕上げていく

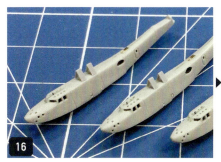
▲機体窓のくり抜き作業が完了したら機体の組み立てに入る。パーツの肉厚を薄く加工しているので接着も丁寧に、また合わせ目処理も慎重に行なう。主翼の取り付け基部もプラ材で自作して設置、精密感の向上を図っている

▲各勤翼部とフロートの塗装完了後に、尾翼に昇降舵、方向舵を取り付ける。尾翼の塗装は主翼と同様にマスキングによる吹き付け塗装。フロートの塗り分けはマスキング用粘土を使用した。塗装工程での消費材の選択も時間短縮、工程の簡素化など重要な要素だ

▲機体本体の塗装と尾翼の設置を完了した状態。日の丸はデカールを貼り付けて再現している。最後尾と機体両脇にある機銃座の風防は、透明プラ材をヒートプレスによる絞り出しでパーツを自作して切り出し、本体とのフィッティングを調整しながら取り付けた

▲九七式飛行艇の最大の見せ場である主翼と機体を補強する支柱を組み立てていく。支柱に使用したのは真ちゅう線で、太いものが0.2mm、細いものは0.1mmとなっている。この支柱にアドラーズネスト製の航空魚雷を装着して組立工程はほぼ完了となる

▲全てのパーツを組み上げたのち、極細い金属線を使用して機体に張り線を施し完成となる。秋津洲での点検整備中であることを考慮して、機体の汚し塗装はかなり控え目にしている

▲秋津洲の船体の工作を開始する。まずは船体と展示台とを固定するためのナットをプラ材を使用して船体底部に固定する。このとき、甲板を固定するネジ止めと干渉しないよう仮組みを行なって調整、確認する

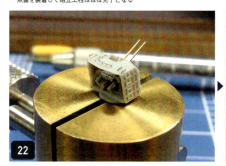
▲主要兵装となる12.7cm高角砲を組み立てる。ピットロード製の汎用パーツをベースにしている。資料を参考に梯子やジャッキステー、モンキーラッタルといったディテールを追加していく。モンキーラッタルは使い勝手の良いアドラーズネスト製のフックを使用している

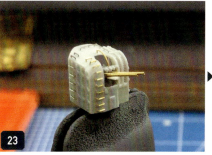
▲砲身もアドラーズネスト製の真ちゅう挽き物パーツを使用している。アドラーズネストは実艦から忠実に寸法を追っているため再現度も高い。本作の砲身パーツはすべてアドラーズネスト製品を使用した

▲シールドなしの12.7cm高角砲のディテールアップ。こちらはファインモールド製品をベースとし、砲身などを金属挽き物パーツに置換してパーツ精度と精密感を向上させている

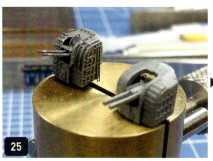
▲キット付属の高角砲のパーツとディテールアップ後のパーツの比較。手を加えた箇所が如実にわかる。キットパーツも充分なディテールが施されているが、砲身の太さの正確さや情報量は大きく水を開けている。砲身に白帯を入れることで視覚的にも精密感が増している

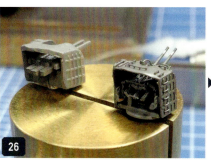
▲おなじく高角砲のパーツを後方から。当時のシールドはかなり薄かったという記録が残されていたため、そこを再現するべく特に注意してシールド部を薄く加工するように努めた

▲今回はアーティストホビーから発売されているエッチングパーツセットをベースに製作していく。艦橋は主要部のほぼ全体をエッチングパーツを組み立てて再現する方式となっているのがわかる。こういった箱状のものを組み立てる際には裏側に角材を当てて補強するとよい

▲船体全体の状況。甲板は主にエッチングパーツを貼り付けるため、モールドをすべて削り取っておく必要がある。また使用したエッチングパーツセットは本来ピットロード社の秋津洲用に設計されているため、本作のようにアオシマのキットに使用する際には調整が必要となる

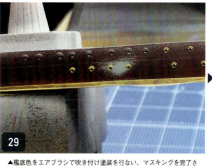
▲艦底色をエアブラシで吹き付け塗装を行ない、マスキングを完了させてから船体の工作を開始する。舷窓はピンバイスで開口してからエッチングパーツを丁寧に貼り付けていく。取り付けのコツとしては、ゼリー状瞬間接着剤を使用することで位置の微調整が可能となる点

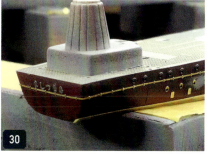
▲船体全周に舷外電路を取り付けていく。こちらも舷窓の取り付けと同様に、ごく少量のゼリー状瞬間接着剤を使用して微調整を行ないながら最終的な接着位置の確認をする。艦尾には汎用エッチングパーツの艦名を取り付けた

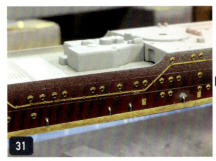

31 ▲船体各所から出ている排水管は真ちゅう線を加工し取り付けることで再現している。船体に見える溶接痕は、マスキングテープを使用したサーフェイサーの厚塗りとスジ彫り、最終的に表面を2000番のスポンジヤスリでならして再現した

32 ▲先に完成した九七式飛行艇を船体の台座に仮置きして設置に問題がないかを確認する。ごくまれだが合わないパーツというのもあるため、こういった確認作業は大変重要となる。今回は問題なく設置可能であった

33 ▲艦首甲板の工作を行なう。ジュニインモデル製のレジンパーツやアドラーズネスト製のボラードを使用してディテールアップを行なっていく。錨の鎖にストッパーとしての細いチェーンを追加すると情報量が一気に上がるのでお勧めのポイントだ

34 ▲秋津洲のもっとも特徴的なポイントといえる大型クレーンの工作。クレーン本体はピットロードの秋津洲からパーツを移設し本体にはゴールドメダル製の秋津洲用クレーンをチョイス。実機の構造と同じように本体の両サイドに真ちゅう線を埋め込み、クレーンをはめ込んでいる

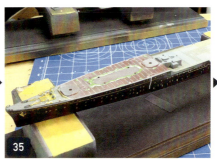

35 ▲甲板のリノリウム仕様の箇所の工作。リノリウム押さえのモールドを削り取り、スジボリ堂のタガネを使用してスジ彫りを行なった。その他のモールドも併せて撤去している

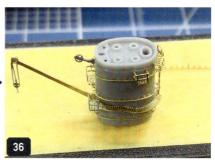

36 ▲煙突は各種汎用エッチングパーツを使用してディテールアップを施した。煙突下部に取り付けているグレーチング仕様の足場はエッチングパーツセットのものを使用している。専用セットゆえのパーツなのでディテールアップ時には大変重宝する

37 ▲甲板上に設置する各種小物類と爆雷投射装置を組み立てる。小物類は汎用エッチングパーツを使用した。爆雷投射装置に組み併せる爆雷本体はモデラー仲間に特注した真ちゅう挽き物パーツを取り付けている。爆雷の寸法は直径0.3mm、長さ1mm弱という驚愕の極小サイズ

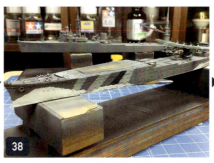

38 ▲リノリウム部分を塗装しマスキングを施したのち、船体の迷彩塗装を開始する。今回は一般的なグリーン基調の迷彩ではなく、アオシマの箱絵にあるグレーを基調としたものにしている。塗装工程はすべてマスキングとエアブラシによる吹き付け塗装の繰り返し作業となる

39 ▲大型クレーンの細部工作を行なう。基本的にパーツセットに含まれているものをメインに取り付けていく。この大型クレーンはとくに目立つポイントとなるため、パーツの水平、垂直には充分に注意しながら取り付けていく

40 ▲煙突の迷彩塗装を完了し、船体に仮置きして位置を確認する。煙突の迷彩は0.5mmの真ちゅう線で色を置いていくようにして描いていく。またクレーンがすぐ隣にある構造物と干渉しないよう調整を行なっている

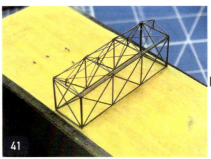

41 ▲船体に配置されている櫓を組み立てる。実際にはどのように使用されたのかは判明していないのだが、天井シートをかぶせて作業用テントにしたと想定し、真ちゅう線で支柱を追加している

42 ▲櫓の屋根部分にシートをかぶせた状態で完成させた。後方の整備台座との位置関係などを加味して、かなり作業場然とした雰囲気が濃くなりなかなかの密度感を醸し出している

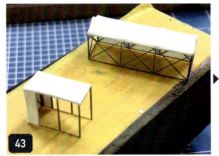

43 ▲櫓の側面部分にもシートをかぶせて作業所の組み立てを完成させる。資料写真だけでは読み取れない情報があったとしても、そのものがどのような環境で運用されていたのかなどを考察することでディテールの意味合いに説得力が出てくる好例といえる

44 ▲高角砲の台座は実艦とは形状が異なっているが、比較的近い形状の汎用パーツの台座を設置してディテールアップを行なっている。足場が木製のため、手間は掛かるもののランダムな塗装を施すことで質感を向上させている

45 ▲後部高角砲も同様に台座を設置した。煙突との間に射角制限枠のディテールが確認できるため、高角砲と干渉しないよう調整しながら取り付ける。この制限枠はパーツセットに封入されているものを使用した

46 ▲艦橋の本体を組み立て基本塗装まで完了した状態。パーツセットに含まれるメインマストをベースに組み立て、艦橋に仮置きして取り付け位置や組み立てたパーツの歪みなどがないかを確認する

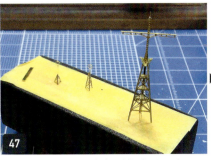
47 ▲メインマストやその他の細部パーツを組み立てる。メインマストは細かい支柱や梯子などを汎用エッチングパーツセットから追加してディテールアップを行なった。この後、塗装工程に入り仕上げていく

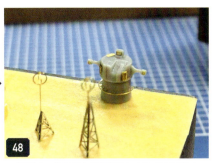
48 ▲艦橋のトップに設置される測距儀はピットロード製の汎用パーツをベースにディテールアップを行なった。これらのディテールアップにはレインボー製の汎用エッチングパーツの使い勝手がよく、使用頻度も高い

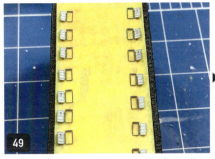
49 ▲各種ハッチの塗り分けを行なう。ハッチの内側は白で塗り分けたほうが完成時の見栄えが良いので、手間な作業となるが地道にマスキングを行ない塗り分けている。この状態のまま、汚し塗装まで完了させておく

50 ▲メインマストや測距儀の塗装工程が完了した状態。測距儀の迷彩もこの時点で完了させている。基本塗装ののちに汚し塗装まで済ませてから張り線の工作を行ない、それぞれのパーツを完成させる

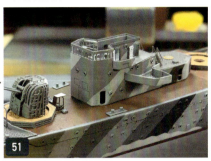
51 ▲船体側面の迷彩ラインを参考に基本塗装を済ませた艦橋を仮置きして位置の確認をする。位置が確定したらあらためて艦橋にマスキングをして迷彩塗装を行なう。各ハッチの取り付けも行ない、これより細部の作り込みとなる

52 ▲船体に取り付ける応急木材の工作。0.4mmのプラ角材を切り出し、微妙に色を変化させた数本を合わせて自作のロープにて固定したもの。色調が単調な軍艦において情報量を増加させやすいので、なるべく設置するように心がけているアイテムのひとつ

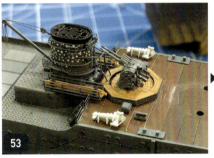
53 ▲船体に応急木材とパラベーンを設置した状態。パラベーンはジュニインモデルのレジンパーツをベースに一部手を加えたものを使用。パラベーンは戦時中の実際の塗装ではグレーが正しいが、今回は見栄えを重視して白で塗装した。応急木材や台座とともにアイキャッチとなっている

54 ▲艦橋に設置する旗収納の製作。収納庫は汎用エッチングパーツを使用し、旗そのものは旗のデカールを薄いアルミ箔に貼り付けたものを乾燥後に折って曲げたものをひとつひとつ収納庫に収めている

55 ▲旗収納を艦橋に取り付けた状態。実際の形状とは異なるものの、カラフルな色が生えて精密感も増し、またアイキャッチとしても機能する。史実に忠実なものを否定するわけではなく、模型としての密度感や見栄えを優先した"演出"方法である

56 ▲艦橋に自作のロープを設置して防弾仕様として仕上げる。ロープは0.06mmの銅線をよって製作しているが、銅という素材のためある程度は自由に曲げることが可能で、応用が利く便利なアイテムだ。伝声管は0.2mmの真ちゅう線を塗装したもので製作した

57 ▲作業スペースには汎用エッチングパーツを組み立てて製作した木箱や繊装品を配置していく。あまり雑然としないよう、何度か仮置きをして設置場所を考えていく。こういった小物の存在も作品の表情を豊かにするので、ぜひとも参考にしていただきたい

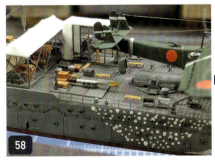
58 ▲航空魚雷や酸素ボンベ、縁台、作業用足場や梯子も設置していく。最近はこのような細かな汎用パーツが製品として発売されているので、いろいろ試しながら製作を進めている

59 ▲メインマストに旗を取り付けて完成させる。旗はデカールをアルミ箔に貼り付けて波打たせる加工を施したものだ。船体にマストを設置する前に工作を済ませられるものは極力、終わらせておいた方が作業しやすく、また破損を防ぐことができる

60 ▲マストを設置して張り線加工を行ない、いよいよ完成となる。張り線は0.4号のアユ釣り用金属線を使用。張り線のコツは自然な弛みを見極め、複数ならぶ張り線の弛み方を統一して取り付けること。なお接着にはゼリー状瞬間接着剤を使用している

帝国海軍特別駆潜艇
第十一昭南丸

I.J.N Auxiliary Subchaser SHONAN MARU
AKAMODEL 1/700 Scale
Multi-material kit

特設駆潜艇としての徴用。僚艦の多くが波間に散った激動の海を生き残ったその躯体に描かれた紋様こそが捕鯨船としての第二の人生での武勲の証

　本誌の刊行に合わせて新規に作り起こした第十一昭南丸。近年勃興の進む海外メーカーによるアフターパーツやレジンキットの開発、発売によマーケットの充実っぷりには目を見張るものがあるが、この第十一昭南丸もそんなマーケットに投入されたレジンパーツとフォトエッチングパーツで構成されたフルキットである。戦時徴用された商船という生い立ち、巡洋にも問題ない船体の素性はそのサイズからは想像のつかない荒れた海原に航走波を残し、またその船体に生々しいダズル迷彩を纏ったまま終戦の日を迎えるに至った。その後は捕鯨船として再び外洋を往来し戦後の食糧難に貢献したというエピソードを持ちながら、およそインジェクションキット化される可能性の低いマイナー艦船である本艦だからこそ、笹原氏は徹底的に作り込んだ作品として仕上げたいとの考えに至ったという。
　本作の見どころとしては、自作したロープによる防弾仕様の船体と主装備となる自作した極小サイズの爆雷、そして精緻な投射装置。充分な防御効果の得られない生々しい防弾装備と潜水艦を屠るために設置された爆雷投射装置のディテールの対比こそが骨頂である

艦船模型用のエッチングパーツなどを発売しているAKAモデル社製のキット。船体と通風筒、ボート、煙突などはレジンキャストパーツで残りの部分（上甲板などの上部構造物を含む）はエッチングパーツというもの。角型の艦橋は窓枠だけでなくすべてエッチングパーツのため折り曲げ加工などが必要で難易度が高く上級者向けのキットとなる。実艦は捕鯨船（キャッチャーボート）をベースに改装されたもので安定性のよいずんぐりした船体形状をしている。当時の捕鯨船は南氷洋で活動するため航洋力が高く、遠隔地の哨戒活動に最適なため多数が徴用されて戦場に投入された。キットは昭南丸だけクレジットされているが同じ名称の艦は複数あり第○○昭南丸という名称となっている（特設駆潜艇となったのは第一〜三、五〜八、十一〜十二、十五、十七の12隻）。独特の迷彩塗装が特徴の第十一昭南丸は終戦時も残存しており戦後は再び捕鯨船として活躍している

AKAモデルから発売されたレジンパーツ、エッチングパーツが主体となる異色の駆潜艇キット

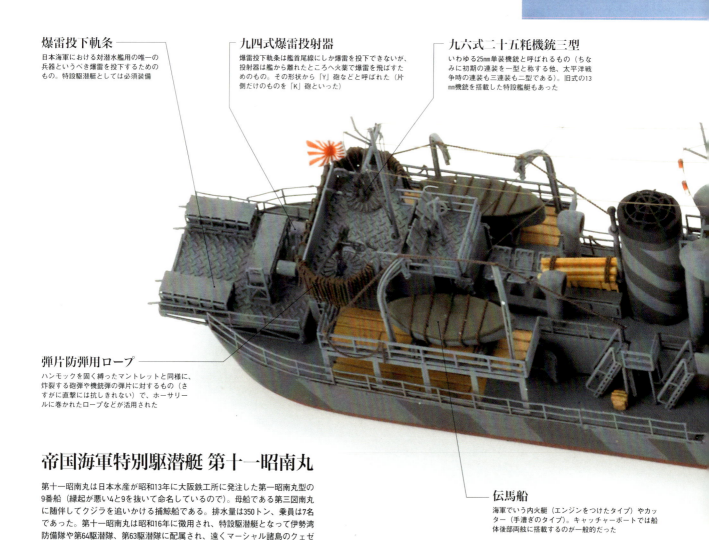

爆雷投下軌条
日本海軍における対潜水艦用の唯一の兵器というべき爆雷を投下するためのもの。特設駆潜艇としては必須装備

九四式爆雷投射器
爆雷投下軌条は艦首尾線にしか爆雷を投下できないが、投射器は艦から離れたところへ火薬で爆雷を飛ばすためのもの。その形状から「Y」砲などと呼ばれた（片側だけのものを「K」砲といった）

九六式二十五粍機銃三型
いわゆる25mm単装機銃と呼ばれるもの（ちなみに初期の連装を一型と称する他、太平洋戦争時の連装も三連装も二型である）。旧式の13mm機銃を搭載した特設艦艇もあった

弾片防弾用ロープ
ハンモックを固く縛ったマントレットと同様に、炸裂する砲弾や機銃弾の弾片に対するもの（さすがに直撃には抗しきれない）で、ホーサリールに巻かれたロープなどが活用された

伝馬船
海軍でいう内火艇（エンジンをつけたタイプ）やカッター（手漕ぎのタイプ）。キャッチャーボートでは船体後部両舷に搭載するのが一般的だった

帝国海軍特別駆潜艇 第十一昭南丸

第十一昭南丸は日本水産が昭和13年に大阪鉄工所に発注した第一昭南丸型の9番船（縁起が悪い4と9を抜いて命名しているので）。母船である第三図南丸に随伴してクジラを追いかける捕鯨船である。排水量は350トン、乗員は7名であった。第十一昭南丸は昭和16年に徴用され、特設駆潜艇となって伊勢湾防備隊や第64駆潜隊、第63駆潜隊に配属され、遠くマーシャル諸島のクェゼリン（日本海軍の潜水艦基地があった）に進出したこともある。幸いにして終戦を無事迎え、捕鯨許可が出ると再び南氷洋での捕鯨に活躍。昭和38年に売却されてスクラップとなり、その姿を消した

グレーチング
甲板は常に海水や雨などで濡れているので、すのこのように一段上げて水はけを良くするのがグレーチング（側溝の鉄の枠と同じような感じ）。駆逐艦などの防空指揮所にも敷かれている

九六式二十五粍機銃三型
一般的な25mm単装機銃だが、艦橋の前に設置するのは特にここが銃撃の目標にされるから

上甲板
捕鯨船であるので、本来はブリッジから船首の捕鯨砲座を繋ぐ「猫の散歩道」が設けられていたが、戦時中は撤去されていた

捕鯨砲座
キャッチャーボートとして建造された第十一昭南丸が本来捕鯨砲を据え付けていたところ。戦中は25mm連装機銃が搭載されていた

舷側の丸穴
ふたつ並んでいる丸穴は捕まえたクジラを縛り付けておくためのもの。その後、第三図南丸など、捕鯨母船に収容してもらう

船首形状
捕鯨船として設計されているため、シアーが大きいのが特徴（横から見るとよくわかる）

■キットについて

2013年から活動を開始した中国の新興メーカーAKAモデル。1/700、1/350スケール艦船のディテールアップ用の汎用ならびに専用エッチングパーツセットやレジンキットを製品化している。そんな同社が戦時徴用の特設駆潜艇というマイナー艦船である第十一昭南丸を、船体をはじめとするレジンパーツと艦橋等構造物のエッチングパーツ、という構成でフルキット化したのが本キットだ。このパッケージの内容物のみで完成させることができるので、レジン製の艦船モデル初心者のスターターキットとしてもお勧めの一品だ。

■船体について

安定感のある捕鯨船の特徴をよく捉えている船体。ユーザーは船尾のゲート処理を丁寧に行なうだけでその恩恵にあずかることができる。甲板は同梱のエッチングパーツを貼り付けるかたちとなるが、フィッティングも良好で問題なく作業を進めることが可能だ。なお甲板のエッチングパーツの取り付けには、ゴム系接着剤を使用することで位置決めなどの微調整が可能となる。なお当時の写真からは、船体側面部の溶接痕をはっきりと確認できる。ここはマスキングテープとサーフェイサーの厚塗りを施しそのディテールを再現することで、さらに情報量を増すことが可能だ。

■艦橋について

最近のトレンドであるエッチングパーツを箱状に組み上げる仕様となっている。艦橋内部を再現しやすい反面、強度面で不安を感じるが、パーツ裏面の角をプラ角材などで補強することで問題は解消できる。本作では組み立てた後に汎用パーツでグレーチングや双眼鏡、伝声管を設置して精密感を高めている。

■煙突の製作

煙突本体はレジン製。開口部をリューターで削り込み、プラ材やエッチングパーツによる雨水防止装置の再現や、真ちゅうパイプや汎用パーツによる蒸気捨て管や汽笛のディテールを追加。マスキングとエアブラシの吹き付け塗装によって特徴的なダズル迷彩を施した。

■各種武装と積載艇の製作

メイン武装の25mm連装機銃と単装機銃はキットパーツを使用せず、より細部のディテールが再現されたベテランモデル製のパーツを使用している。また積載艇のカッターはただ載せるだけではなく、防水カバーを施してロープを巻き付けた状態を再現。くわえてカッターを固定する台座部分もディテールを追加した。少々面倒な工作となったが見た目の変化と見栄えの良さを得ることができた。

■爆雷装置の製作

艦尾の爆雷投射機や投下機は同梱のエッチングパーツを使用せず汎用エッチングパーツから製作した。ただし肝心の爆雷は付属しておらず自作する必要があったため、友人モデラーである拳王氏に直径0.7mm、長さ1mmの金属挽き物パーツの製作を依頼した。おかげで爆雷を満載させて精密感を上げることに成功した。

■木甲板の塗装について

木甲板はタンをベースに微妙に色調を変えた4色をマスキングしてランダムに塗装している。同様に応急木材も一本ごとに色味の異なる色目を用意し、単調にならず情報量が増すように考慮している。基本塗装の終了後にGSIクレオスのウェザリングカラーなどを用いて汚し塗装を行ない、全体の色調を落ち着かせて完成させる。

■艤装について

各機銃座には0.06mmの銅線を実際のロープ状によって仕上げ、塗装したものを用意して防弾ロープのディテールを施した。また各パーツを配置したのちに、機銃の周辺には必ず弾薬箱を配置できるようスペースを確保することも忘れない。なお弾薬箱はベテランモデル製エッチングパーツを使用している。

笹原氏の製作する艦船模型に内包されたテーマとして挙げられるのが、搭乗している人物の移動動線の表現と生活感の演出であろう。第十一昭南丸でも前者は各ハッチの開放と歪みなく組み立てられた梯子の設置から、また後者は艦橋や機銃座に巻き付けられ垂らされた防弾ロープや応急木材、無造作に積まれた弾薬箱などが、そのディテールと色味を持ってグレートーンの軍艦という硬質な塊りに"人間の息遣い"を確かに感じさせるものとなっているのだ

■マストについて
　前後のマストはセットに同梱されたパーツは使用せず、0.2mm真ちゅう線を使用して自作している。切り出した真ちゅう線はハンダ付けで組み立てているので強度的にも問題なく、その後の張り線加工などデリケートな工作でも安心して作業することが可能だ。マスト自体は塗装して張り線などの取り付けまでを済ませ、完成させてから船体に取り付けるほうが破損の可能性が低くなる。メインマストの旗は、薄いアルミ箔に旗のデカールを貼り付け、乾燥後にあたかも風になびいているさまを再現するべく、波打った状態に加工して取り付けた。

■仕上げについて
　スミ入れやウォッシングといった汚し塗装を施した後に、全体にツヤ消しクリアーを吹き付けて完成させる。その際、窓にはめ込んだ透明プラ材にはツヤ消しクリアーがかからないようマスキングを行なっておくのは重要なポイント。これを怠ると反射する窓の質感が失われ、アクセントとして機能しなくなるのだ。空中線や張り線は0.04号の金属製テグスを使用。垂れ下がった線の曲率がバラバラにならないよう揃えて設置することで、艦船から滲み出る端正さと精密感とを表現することができる。組み立ての完了したモデルはアクリメイト特製の台座にネジ止め、固定して完成となる。■

01 ▲船体の加工から開始。船体にダメージが加わらないようパーツのゲート処理を丁寧に行ない、船底部を開口して展示台固定用のナットを埋め込む。船底には0.3mm厚のプラ板を貼り込んで、これを艦底部としている

02 ▲船体の甲板部にエッチングパーツを貼り付けて仕上げていく。パーツの精度は良好で、船体とエッチングパーツの合いも悪くない。エッチングパーツの貼り付けは瞬間接着剤ではなく、ゴム系の接着剤を使用した

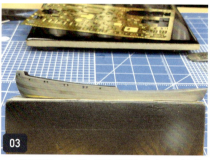

03 ▲船体外板はサーフェイサーの厚みで再現していく。マスキングテープを貼り込んでからサーフェイサーを厚塗り、乾燥後にテープをはがしてから船体を2000番のスポンジヤスリでならし表面を落ち着かせる

04 ▲船体側面の丸穴部分は汎用のエッチングパーツを使用してディテールを追加。歪みやズレのないように留意して貼り込んでいくが、こういった作業でも接着から完全固定まで時間の猶予のあるゴム系接着剤やゼリー状瞬間接着剤を使用すると修正も容易

05 ▲あらかじめ木甲板を塗装してから船体の塗装に備えてマスキングを行なう。木甲板は色調の異なるタン系の色をランダムに塗装して質感を表現している。塗装はエアブラシによる吹き付け、マスキングテープは丁寧にキッチリと貼り付ける

06 ▲船体の基本塗装を完了した状態。船体側面のダズル迷彩まで終了させてからマスキングテープをはがし、吹き漏らしなどがないかを確認する。この時点で修正箇所が見つかれば適宜リタッチを行なう。艦底部を艦底色できちんと塗装したほうがモデルが俄然、引き締まる

07 ▲艦橋のエッチングパーツを組み立てる。あくまで雰囲気を確認するためのもので、この時点では屋根は仮置きの状態で接着はしてない。この後、透明プラ板で窓ガラスなどをはめ込むなどの作業工程を確認する

08 ▲甲板上を構成する主要パーツはそれぞれ個別に組み上げて、組み立ての歪みなどの確認、修正を行なう。それらが完了したらそのまま基本塗装から汚し塗装までブロックごとに行なっておく

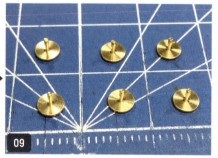

09 ▲爆雷は適当な市販パーツがないため真ちゅう削り出しのパーツを友人モデラーに製作を依頼し用意した。写真に並んでいる画鋲のようなものだが、使用するのは細く伸びた部分のみで、円盤状の部分は不要となる。爆雷本体のサイズは直径0.7mm、長さは1mm弱

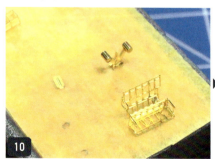

10 ▲爆雷を爆雷投射機にセットして仮置きしてみる。投射機はキットのエッチングパーツを組み立てたもので、手前の爆雷を積む棚とともに精密感のある仕上がり。爆雷は棚に並べて仕上げていく

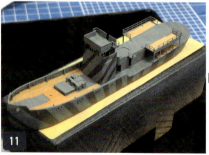

11 ▲先に汚し塗装まで仕上げた艦橋などの構造物を船体に仮置きして全体のイメージを確認する。この時点ですでに艦橋のダズル迷彩の塗装も済ませている。艦底色の赤がきちんとアイキャッチになっているのもよくわかる

12 ▲機銃座の工作。周囲に防弾ロープを巻き付けた。防弾ロープは自作で、0.06mmの銅線をよってロープ状にし塗装したものを使用している。実物の構造に即したディテールが生み出す説得力はけた違いだ

13 ▲煙突のカスタマイズ。キットに封入されたエッチングパーツセットは使用せずに汎用エッチングパーツでディテールアップ。このほうが精密感を得られるとの判断からのパーツチョイスなのだ

14 ▲先に組み上げた機銃座を艦首に取り付け、そこに25mm機銃を仮置きして雰囲気を確認する。また機銃本体と機銃座が干渉することなく配置することができるかの確認作業も兼ねている

15 ▲キセル型吸気孔のディテールアップ。これらパーツは成型や生産の都合上、ある程度の厚みが必要となるため、吸気孔のフチが薄くなるようにリューターを用いて加工した。開口部を深く、広くなるように慎重に作業する。写真右が加工前、左側が加工後でその違いは一目瞭然

16 ▲煙突にもダズル迷彩が施されているので、マスキング処理ののち吹き付け塗装を行なった。テープをはがしてマスクのキワに凹凸が見られるようであればリタッチを行なうこともある

17 ▲艦橋の艤装を行なう。上部の防弾ロープは機銃座と同様に自作のロープを使用した。また艦橋窓に取り付けられた防弾版は汎用エッチングパーツからチョイスしてそれらしくなるよう設置した

18 ▲艦尾の爆雷投射機を配置して全体の雰囲気を確認する。極小サイズゆえに取り付けの水平、垂直には充分に気を配る。ちょっとした歪みが完成度に大きく影響するのだ。階段などの細部パーツもこの時点で取り付け、最終仕上げに備えておく

19 ▲機銃座の工作。資料写真から、畳に防水布を巻き付けて、ロープを垂らしているものが確認できたのでそれらも再現。人の手で並べられた不規則性を意識しつつも、決して雑な並びではない絶妙な塩梅

20 ▲機銃座を別の角度からのぞむ。扉やハッチなどはできるだけ開放して、作品を見る側に"人の移動する動線"を感じさせるよう演出が盛り込まれている。1/700という小スケールで人物を配置しなくても、そこに人の存在を盛り込むことは可能だという証左だ

21 ▲全体の艤装が完了して全体の雰囲気をあらためて確認。空いたスペースには蓋の開いた弾薬箱を配置する。弾薬箱は汎用のエッチングパーツを使用した。不自然な配置にならないよう、箱の位置は何度も確認する

22 ▲徐々に完成が近づいてきた状態。後ろに置いた1円玉と比較して、あらためてそのサイズに驚く。この大きさであっても梯子や手摺などに歪みを見つけることができない。製作中にパーツを撮影、確認しながらひたすら調整を繰り返す

23 ▲キセル型吸気孔の内部を塗装。微細なパーツ群はものにもよるが、本キットのようなレジンキットでもランナーについた状態のままで下処理からディテールアップ、基本塗装から汚し塗装まで済ませてしまうほうが効率的な場合が多い

24 ▲カッターは雰囲気重視でディテールアップを行なう。船体に防水布をかぶせてロープで固定した状態を再現、またカッターを固定する台座を汎用エッチングパーツで作成した。こういった場所へ目を向ける観察力も作品の臨場感を盛り上げるテクニックのひとつなのだ

25 ▲ボートを仮置きして位置のチェックを行なう。ハッチが開いているが、この時点でボートと干渉するようであれば再調整を行なう必要がある。小スケールゆえに、0.1mm単位で干渉がないかの確認作業を要するのだ

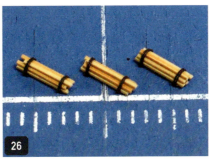

26 ▲艦船に穴が開いてしまった場合などの応急木材を組み立てる。木材は0.3mmプラ角材を切り出して塗装、銅線をよったロープを使用して束ねる。防弾ロープなどと同様、こういったアイテムを適宜配置することで艦船の生活感が生み出されていくのだ

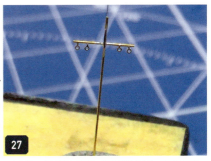

27 ▲メインマストは0.2mmの真ちゅう線の組み合わせ。強度確保のためハンダ付けにて製作している。リング状パーツは汎用エッチングパーツからチョイス。左右対称形となるよう慎重に作業した

28 ▲旗の製作。旗はキットに付属するデカールを一度、アルミ箔に貼り付ける。乾燥後に波打たせてそれらしい形状になるよう加工するのだが、デカールが割れないようにデカール軟化剤を使用しながらの作業となる

29 ▲完成した旗をマストに取り付けた状態。マストに施された張り線は0.03mm金属線を使用しており、こちらも自然な弛みを持たせている。旗によって張り線が自然と引っ張られているのが確認できるが、こういった当たり前の所作が演出できるか、もポイント

30 ▲完成状態をデジタルカメラで撮影し、PCのモニター画面で最終確認を行なう。パーツの歪み、取り付けたパーツの曲がりなど、破綻している箇所がないかを入念にチェックしていく。気になる箇所が発見されれば当然、この時点でも修正作業を行ない完璧を期すのだ

帝国海軍重巡洋艦
青葉

I.J.N Heavy cruiser AOBA
Hasegawa 1/700 Scale
Injection-plastic kit

対空火器を降ろし偽装を施して呉軍港に潜む
重巡青葉の最後の姿を超精密工作で再現する

青葉は1945年7月末の呉空襲によって大破着底し終戦を迎えた。その最後の姿は戦後、アメリカ軍の撮影によりかなり詳しく知ることができる。ハリネズミのように装備されていた対空火器は降ろされ、かわりに樹木と迷彩塗装によって陸地に偽装していたのだ。1/700スケールの艦船模型の世界においてこのような状態を再現することは珍しい。とくに樹木による偽装を再現することはほぼ不可能。どのような素材を用いたとしてもオーバースケールとなってしまうからだ。その不可能に挑んだのがこの青葉。肉眼ではほとんど識別不能な偽装用の樹木をひとつひとつ塗装し配置して見事に再現。ナノテクノロジーの枠を超えたオーバーテクノロジーの真骨頂をご覧いただきたい

R FACTORY SUPER SKILLFUL WARSHIP BUILD WORKS

呉式二号五型射出機
偵察型巡洋艦として計画された古鷹型と青葉型は新造時から航空機の運用を考えており、昭和3年に呉式一号射出機を搭載、翌年には呉式二号一型に換装、さらに近代化改装時に呉式二号五型となった

飛行機作業甲板
搭載する水上偵察機を整備、保管する場所で、青葉型には古鷹型よりも立派な造りのものが設けられていた。昭和19年の捷一号作戦時には零式観測機2機を搭載していたが、被雷により陸揚げされた

後部マスト
もともと1本マストだったが、サボ島沖海戦の修理の際に3脚になった。昭和19年12月にからくも内地へ帰還した青葉は損傷修理の機会も得られず放置されることとなり、擬装のため切り詰められている

十二糎単装高角砲座
内地帰還後に予備艦となった青葉は高角砲や機銃などを陸揚げし、地上に転用している。とくに高角砲は射撃をするために機関動力を必要とするが、重油の渇望もあってそのままでは使えないからだった

九六式二五粍三連装機銃座
昭和18年後半から大小艦艇に25mm三連装機銃が増設されるようになった。青葉についても艦尾に2基を搭載。この位置のものはとくに急降下爆撃機に対するものだった。これも内地帰還後に撤去

プロペラガード
小さいので忘れられがちだが、艦の命運を握っているといっても過言ではないのがスクリュープロペラを守るガード。大体この位置にスクリュープロペラがあることの目安にもなる

帝国海軍重巡洋艦 青葉

1942年のサボ島沖海戦で敵味方を誤認して損傷した青葉はその後もツキに見放されていた。1943年2月に修理が終わりソロモン方面に戻った途端、B-17による空襲を受け再び損傷、内地に戻った。結局1943年はほとんど修理のため作戦に参加することはなかった。帝国海軍最後の戦いとなる1944年のレイテ沖海戦でも後方で活動中に潜水艦の雷撃により損傷、退避したマニラ湾では空襲を受け再び損傷、その後、応急修理によってかろうじて航行可能となった青葉は這うような速力でなんとか呉軍港に帰投したがあまりに損傷が大きいため本格的な修理はされずその後の呉空襲で大破着底し終戦を迎えた

R FACTORY SUPER SKILLFUL WARSHIP BUILD WORKS

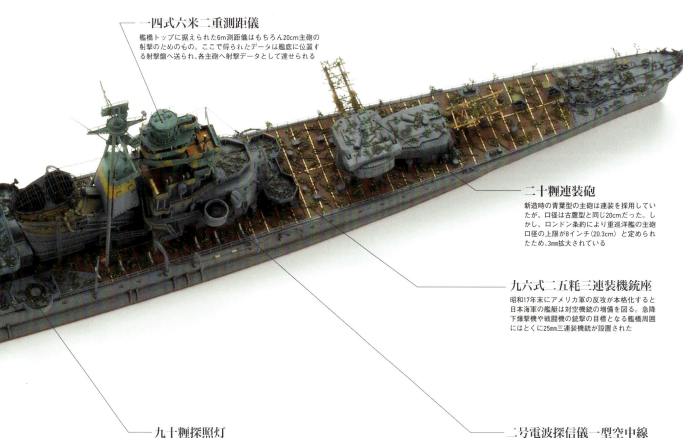

一四式六米二重測距儀
艦橋トップに据えられた6m測距儀はもちろん20cm主砲の射撃のためのもの。ここで得られたデータは艦底に位置する射撃盤へ送られ、各主砲へ射撃データとして達せられる

二十糎連装砲
新造時の青葉型の主砲は連装を採用していたが、口径は古鷹型と同じ20cmだった。しかし、ロンドン条約により重巡洋艦の主砲口径の上限が8インチ（20.3cm）と定められたため、3mm拡大されている

九六式二五粍三連装機銃座
昭和17年末にアメリカ軍の反攻が本格化すると日本海軍の艦艇は対空機銃の増備を図る。急降下爆撃機や戦闘機の銃撃の目標となる艦橋周囲にはとくに25mm三連装機銃が設置された

九十糎探照灯
いわゆるサーチライトで、日本海軍のお家芸ともいうべき夜戦において、艦隊や戦隊の旗艦が敵艦隊を照射して味方艦隊の射撃を有利に導くためのもの。青葉型が搭載していたのは直径90cmのものだった

二号電波探信儀一型空中線
日本海軍が戦争初期の段階で実用化した対空見張用レーダーのアンテナ。大きな持ち焼き網のような形状が特徴だが、それゆえ重量が過大で、秋月型以外の駆逐艦には搭載できなかった

ウォーターラインシリーズ、ハセガワのインジェクションプラスチックキット。2007年に古鷹型（古鷹、加古）とともにリニューアルキットが発売となった。パーツ点数もほどほどで作りやすく入門用としてもおすすめのキットだ。古鷹型、青葉型（青葉、衣笠）の4隻のうち青葉をのぞく3隻は大戦中期（1942年ごろ）までの状態を再現したものだが青葉のみ1945年の終戦時近くの状態となっている。これは青葉以外の3隻が1942年のガダルカナル島を巡る戦いで戦没したため、終戦間際まで残存していた青葉は差別化するためにあえて大戦後期の状態を再現したのだろう。大戦前期の青葉を製作するには同型艦の衣笠のキットから改造するほうが手っ取り早い。キットは1945年半ばの状態でまだ防空砲台として使用されており対空火器を搭載しているが、その後は作例のとおり高角砲や機銃は陸揚げし戦闘能力を喪失し空襲を受け大破着底して最後を迎えた

2007年リニューアルのハセガワ製1/700青葉は 1945年半ばの防空砲台仕様での製品化

太平洋戦争末期、大型艦が活動できるだけの燃料が確保できなくなってからは、上部構造物には迷彩塗装が施され、木やネットを張り巡らせて陸地に見せかけるような偽装が施された。後部マストの上部は撤去され、対空射撃の要であった25mm機銃も早々に撤去、陸揚げされた姿はあまりに痛々しい。残った砲による積極的反撃も禁じられていた（呉港中央で「浮き砲台」の任務にあたることになった駆逐艦は、迷彩塗装を鼠色の通常塗粧に戻して配置についた）。本作例では各所の水密扉は開け放たれた状態で作っているが、かろうじて総員退去前の"人がまだそこにいること。その生活感"を出すための演出である

軍艦特有の勇壮な雰囲気がまるで失われたこの青葉の姿は、艦船モデラーからすればショッキング、あり得ないとさえいえる姿であり、さすがに笹原氏も製作当初はやや抵抗感があったようだ。実際、『月刊モデルグラフィックス』掲載後に完成品が手元に戻ってきた際には、対空武装を積み直し、切り詰められたマストも再び足すべく、笹原氏は各種パーツを作って用意していた。しかし完成させてみると圧倒的な説得力とドラマ性をこの青葉から感じ取る結果となり、「もうこれは完成。こういう"作品"だということでいいですね」と満足げな表情で語った

本作は『月刊モデルグラフィックス』誌2019年4月号の巻頭特集『模型で語るこの世界の片隅に』に合わせて製作されたモデルだ。映画『この世界の片隅に』劇中に登場する、呉軍港にて大破着底直前の重巡洋艦青葉が再現されている。製作にあたっては当時の写真資料の参照にくわえ片渕監督から直接アドバイスを受けられたことで、より完成イメージを明確に具現化することができた。なお湾に係留された青葉最終時の状態として、各種高角砲、高射装置、機銃、爆雷、積載艇などが撤去され、後部マストは中段より切除、また閑居ならびに煙突には迷彩塗装が施されるといった、かなり異質なスタイルであったとの考証がなされた。

■キットについて
使用したキットは2007年にリニューアルされたハセガワ「1/700 日本海軍 重巡洋艦 青葉」。上記の考証に加え、さらに精緻なディテールを獲得するためレインボー社のフルエッチングパーツセットを使用し製作した。

■艦橋について
艦橋のディテールで修正が必要と感じたのは、艦橋背面の昇降階段と踊り場の再現だ。キットのままではエッチングパーツの階段を取り付けることができないほど踊り場のスペースが狭かったためこれを拡大。階段を取り付けても不自然にならないよう調整を繰り返した。結果、下方フロアから艦橋上部までの移動動線が確保され、作品を見る人に"艦内で生活する人の存在"を伝えることに成功した。

■主砲について
船体各所に配された偽装用の木を砲塔にも取り付けるため、砲身の上には梯子状の組木が設置されている。これを再現するために0.4mmプラ角材と0.3mmプラ丸材を組み合わせ作成した。

■艦橋と煙突の迷彩塗装について
艦橋や煙突に施された迷彩塗装は、海軍の外舷迷彩色と陸軍の戦車迷彩色である枯草色を組み合わせた特徴的な配色とした。「当時の日本陸軍は迷彩色もドイツ陸軍を手本に考えていたようで、写真からもそのように判断できる」とのアドバイスを片渕監督よりいただき、そのうえで枯草色については一般的な暗めの色調ではなく、ドイツ戦車色のダークイエローに近い色合いに調色している。また主砲の防水カバーも当時の国防色をイメージした暗緑色を選択、大戦末期の雰囲気を演出した。
煙突の迷彩塗装に関しては、終戦時にアメリカ軍が撮影した写真からその縞模様が確認できるものがある。この再現においては、マスキングテープを0.2mm幅の帯状に切り出し、ダークイエローをエアブラシにて吹き付けている。煙突基部の微妙なカーブ部分には、タミヤの曲面用マスキングテープを同じく0.2mm幅の帯状に切り出し、貼り付けている。縞模様の迷彩塗装が完了したあと、先に塗装したジャッキステーや蒸気捨て管などの付属設備を煙突本体に取り付けて煙突は完成となる。
上部に迷彩が施された艦橋については、劇中に登場する青葉の色合いと雰囲気の再現に重きを置いて、素組みの艦橋に迷彩塗装を施し、何度もその色調を確認して納得のいく仕上がりを確認してから本番の塗装へと移行するという入念な手順を取っている。塗装の際には各フロアごとに基本色をエアブラシで吹き付け塗装、ダークイエローの迷彩色は筆塗り塗装で仕上げている。

■偽装について
本作例のもっともユニークかつ、意欲的なチャレンジが船体の各所に配置された葉が付いた木による偽装の再現だろう。この木の再現方法には笹原氏も非常に苦労した。その試行錯誤のひとつとして、0.04mmの銅線を使い枝の再現を試みたのだが、強度や細さなどが現実的ではなく不採用。その後もいろいろと試してみたものの思うような結果を得ることはできなかった。そこでダイオラマの表現に詳しい『月刊アーマーモデリング』編集部に相談を持ちかけたところ、葉脈を利用してみてはどうか、という手法が提示され問題は一気に解決の方向に向かった。作業としてはまず、市販されている葉脈の全体にエアブラシでブラウン系の塗料を

吹き付け、その後デザインナイフを用いて木の枝らしい形に切り出していく。切り出した後は、葉の部分となる先端付近をグリーン系(本作例ではタミヤエナメルのフラットグリーンを使用)で軽く塗装しておき、乾燥後にタミヤの情景テクスチャーペイント(草グリーン)を、先ほどグリーン系で塗装した部分に少量盛り付けていくと立体的な葉として表現することができるのだ。この時、テクスチャーペイントに含まれている藁のようなものを除去し、粒子とペーストのみの上澄み部分を枝に盛り付けるとより、枝葉らしく見せることができる。これを一本一本製作し、各箇所に取り付けて偽装としている。なお取り付けに際しては、甲板上などのように木を横に寝かせたものもあれば、木を立てて配置したものもあったようで適宜、ランダムに配置している。

■本作の成し遂げた意味合いについて

　本作例では、これまでの艦船模型とは明らかに一線を画した、1/700というスケールに即した偽装テクスチャを配しリアリティを損なうことなく完成させたダイオラマ、というまさに誰もが成しえなかった、あらたな表現の境地へと到達した作品に他ならない。　■

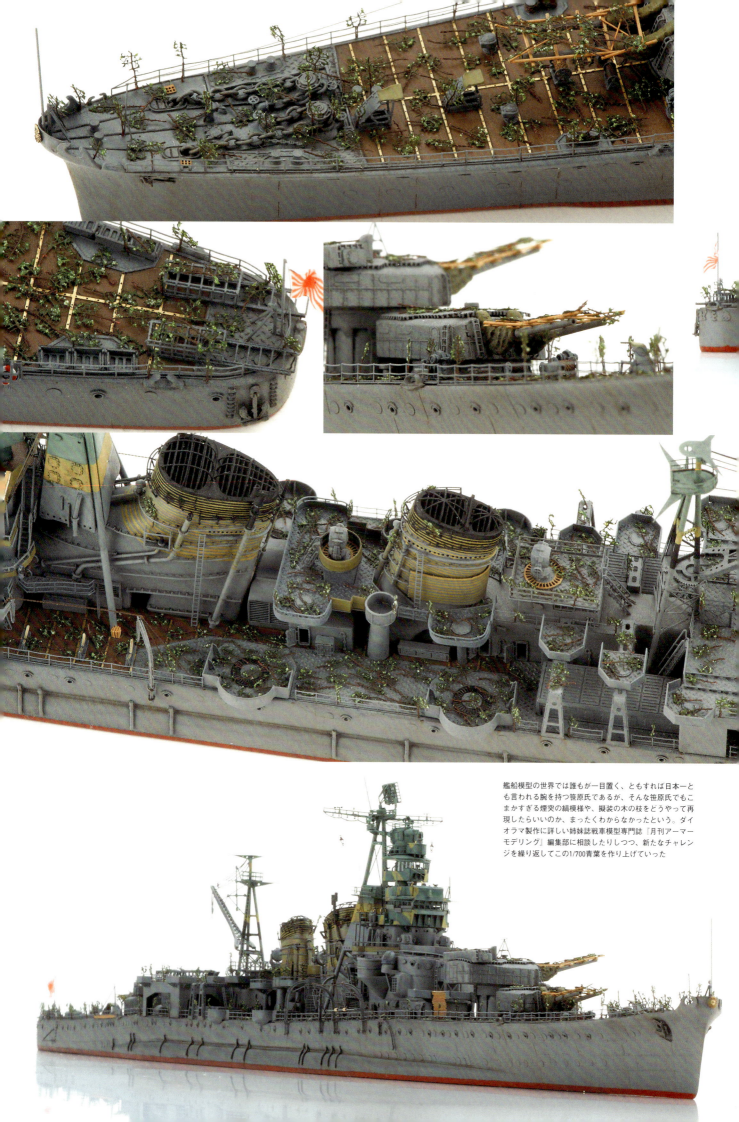

艦船模型の世界では誰もが一目置く、ともすれば日本一とも言われる腕を持つ笹原氏であるが、そんな笹原氏でもこまかすぎる煙突の縞模様や、擬装の木の枝をどうやって再現したらいいのか、まったくわからなかったという。ダイオラマ製作に詳しい姉妹誌戦車模型専門誌『月刊アーマーモデリング』編集部に相談したりしつつ、新たなチャレンジを繰り返してこの1/700青葉を作り上げていった

2番砲塔、艦橋最上部の測距儀、そのすぐうしろのマストの二一号対空電探はすべて陸側を向いた状態で停止している。当時の米軍機は可能な限り山の陰から強襲するような戦術をとっており、それに対処するため、陸側上空に向かって対空砲撃を行なっていた。迷彩塗装は海軍用の外舷迷彩色だけでは陸地に見せかけるのに不充分なため、陸軍の戦車用迷彩塗料「枯草色」を流用、外舷迷彩色と併用して塗装されたと考えられる。この枯草色、現在残されているカラーチップは薄緑に近く、枯れ草っぽくない色味となっているが、これは樹脂の変質によるもの。実際はドイツ戦車のダークイエローに近い色合いだったことが当時のカラー写真からわかる。砲身付け根を覆うキャンバス布部分は、模型では「模型映え」を謳って白に塗装することがなかば"お作法"となっているが、末期には「緑色」とすることが通達されていた

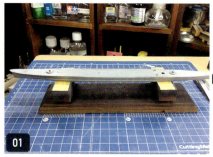
▲完成時、展示台に固定するためのナットを艦底パーツに設置し船体に取り付けてから整形を開始する。この時点で各種モールドはすべて削り取る。特にパーツの合わせ目が両舷のバルジに出ないよう注意して仕上げていく

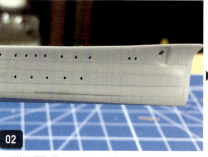
▲溶接痕の再現。横のラインはマスキングとサーフェイサーの厚塗りで段差を表現し、縦のラインはスジ彫りで入れていく。使用工具はスジボリ堂のZERO、深く掘らないのがポイント。スジ彫り完了後に2000番のスポンジヤスリで段差を軽くならし、わざとらしくならないよう仕上げる

▲両舷の排水管は仕上がりのシャープさを考え、プラ材にて再現し直す。船体のモールドを削り落す際、あらかじめニードルで印を付けておくと排水管の取り付け位置の確認がしやすくなる

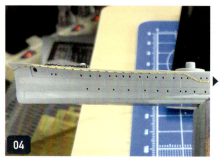
▲舷窓は0.45mmのピンバイスを使用して開口していく。この後、窓蓋や舷窓のエッチングパーツを取り付け仕上げていく。写真では舷外電路を取り付けているが最終時には外されていたことが確認できたので、この後外している

▲艦橋基部の工作。強度上、問題がない箇所はできるだけハッチを開けていく。再現方法はまずピンバイスで大まかに開口、スジボリ堂のタガネを彫刻刀のように使い四角い穴を開けていき、最終的に四つ角を角ヤスリで整えて完成。写真右が施工前、左が施工後の状態となる

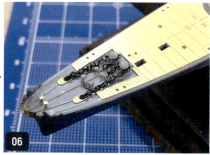
▲艦首甲板は鉄板の溶接痕を再現すべく、細い棒状の汎用エッチングパーツを貼り付けて精密感の向上させている。各種キャプスタンなどはジュニインモデル製レジンパーツに置換。四角い穴はラッタルを設置するためサイズを合わせて開口する

▲艦橋部分の工作はレインボー製のエッチングパーツセットを使用して組み立てていく。艦橋前部にある遮風装置は同セットのものをそのまま加工している。両舷にあるモンキーラッタルはアドラーズネスト製品のフックを使用している

▲艦橋基部の工作。両舷にある高射装置の設置箇所は撤去されている雰囲気を演出するために丸く削り、その底部に汎用エッチングを敷いてそれらしく見えるよう細工している。壁面の通風孔や配管などは当時の写真を参考にしてそれらしく取り付けていく

▲艦尾の艦名"あをば"はエッチングパーツの文字を貼り付けて再現していく。予備アンカーは汎用エッチングパーツを組み立てたものを設置した。フェアリーダーはファインモールド製のアフターパーツを使用した

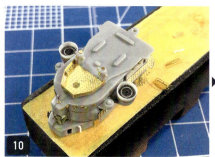
▲艦橋基部の壁面に通路を取り付ける。通路はエッチングパーツセットの部品だが非常に薄いため、取り扱いには注意を要する。通路の裏側には実艦と同様に補強材を設置して強度を確保する。階段パーツも組み立て、通路を取り付ける高さに注意しながら慎重に設置する

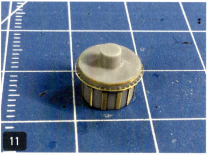
▲第二主砲の基部にディテールアップを施す。リベット補強材を汎用エッチングパーツを使用して再現し、ジャッキステーを巻き付ける。ここも当時の写真を参考にしながら、雰囲気重視で工作していく

▲主砲基部の工作が終了したら、船体の実際の位置に設置して取り付けるうえで不備がないかの確認を行なう。ごく稀だが、ディテールアップの追加ディテールの影響で取り付けできない、という事態に陥るので要注意。第一主砲の基部も同様の細工を施す

▲カタパルトはエッチングパーツセットのものをそのまま組み立てて使用している。カタパルトパーツは大変精細なので、とくに慎重に組み立てるのがポイント。キレイに組み立てるコツは、パーツを切り出した後のゲート処理をこまめに、かつ丁寧に行なうこと

▲艦橋最上部の見張り所フロアの工作。測距儀を設置する基部には足場があるのだが、キットパーツではその幅が少ないと感じたため、プラ材を加工して取り付けた。また下のフロアから上がる梯子を通すため、フロア部の面積が一回り大きくなるようプラ材で周囲を延長した

▲測距儀と見張り所などを仮設置して位置を確認する。ここで水平、垂直、また隙間が発生していないかなどを入念にチェックし、必要とあれば修正していく。こういった作業の際に重宝するのがバイスである。写真のものは模型仲間から頂いた非売品だが無論、市販品でも問題はない

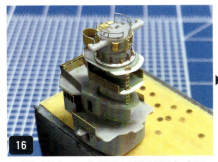
▲艦橋の主要パーツの工作が終了したら仮組みを行なう。各フロアの後部をプラ材で拡幅した理由は、このように梯子を通して上階に上がることができる通路を再現するためで、キットのままでは穴を開けるスペースが確保できなかったのだ

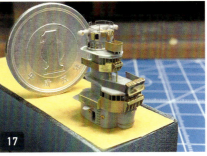
▲仮組みした艦橋を正面から。3カ所ある遮風装置のうち、中段のものはエッチングパーツセットに含まれていないため自作する必要がある。本作では汎用エッチングパーツから流用した

▲艦橋基部も仮組みして艦橋の全体像を確認する。この時点ではまだ各フロアはすべて仮置きの状態で接着は行なわない。ここで背面の階段をきれいに取り付けができるように調整するためだ。確認ができたら各階段を外し、個別に塗装してから最後に取り付ける

▲艦橋の背面。各フロアの踊り場部分を増設したことで、それぞれの階段を違和感なく設置することができた。この工作により下方から艦橋トップまでの移動経路を目で追って確認することが可能になり、人の息遣いを感じさせる造形物となる。この時点で手摺も取り付けた

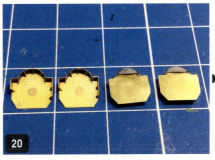
▲高角砲を設置するための台座はエッチングパーツセットのものを使用した。裏側にある半球状の構造物はキットパーツから切り出して取り付けた。ブルワーク内側にある三角形状の補強材は汎用エッチングパーツを使用して再現、精密感を向上させた

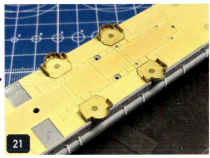
▲高角砲台座が組み上がったら、船体に仮置きして状態を確認する。この台座も大変薄く、デリケートなパーツのため取り扱いには充分注意すること。万が一、曲げたりしてしまうときれいに取り付けることが困難になり、作り直しの憂き目を見ることとなる

▲艦橋を船体に仮置きして、取り付け位置を慎重に確認する。1/700スケールの場合、0.1mmでも干渉すると定位置に取り付けることができなくなるためだ。何度も確認して干渉箇所の有無をチェックすることが最終的に綺麗に組み上げるための重要なポイントとなる

▲各部のドアはエッチングパーツを取り付け、ドアの開放状態を再現する。これらのドアも水平、垂直を慎重に確認しながら取り付けていく。また艦橋床のグレーチングも寸法を合わせて製作している

▲吸気口の再現。写真左側は開口部をきちんと開けたのちにエッチングパーツを貼り付けたもの。右側は開口していないものにエッチングパーツを貼っただけのもの。一見、大した違いは無いと思われるがこの細かい作業の積み重ねが作品の質を上げる重要なポイントとなるのだ

▲吸気口を仮置きし、別に組み立てた探照灯台座と合わせて確認する。探照灯台座はエッチングパーツセットのものだ。こういった箱状のパーツを組み立てる際には、裏側に角材を当てて補強すると強度を保つことができて壊れにくくなる

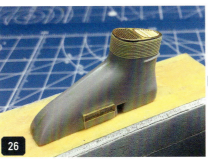
▲煙突の基本工作を完了させ、縞模様の迷彩塗装のテスト作業を行なう。通常のマスキングテープを0.2mm幅に切り出し、目測で一本一本を丁寧に巻いていく

▲テストの結果、納得のいく仕上がりが確認できた。0.2mmマスキングによる縞模様の吹き付け塗装という技法がアイデアから現実へと確立できた瞬間だ。このように新しい技法を試す場合は試験テストを繰り返し、納得できる状態まで精度を高めてから本番作業に入る

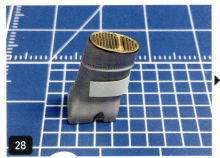
▲第二煙突のディテールアップ。こちらには防熱板があるため、一度パーツのモールドを削り取り、実艦の構造と同様の中空状態を再現するべくプラ材を使用して形状出しを行なった

▲煙突本体に軍艦色と黒色をエアブラシによる吹き付け塗装を行ない基本塗装を完了しておく。そののちに0.2mm幅マスキングテープによる縞模様マスクを行なって、本番の吹き付け塗装となる

▲縞模様の吹き付け塗装完了後に一旦、船体に載せて状態を確認する。実際の写真を確認したところ、第一煙突はもう少々下方まで縞模様があることが判明したため、さらに縞模様を追加した。塗装の基本はエアブラシによる吹き付け塗装だが、細部は筆でリタッチして調整している

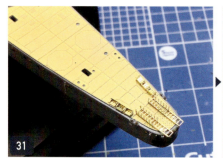

31 ▲最終時の青葉は煙幕発生装置を撤去し爆雷投下装置を設置していたことが確認されたので、汎用エッチングパーツを使用して爆雷投下装置を再現している。なお爆雷は撤去されていたので、投下装置のみを設置することとした

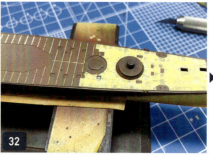

32 ▲船体の甲板をマスキングしていく。まずはリノリウム色の吹き付け塗装を行ない、乾燥後にリノリウム押さえ部分の塗装を丁寧にはがす。そののちにマスキングを行なって船体色の塗装に備える

33 ▲船体色の塗装が完了した状態。ここでマスキング漏れなどがないかなど丹念にチェックを行なう。修正が必要な個所があればリタッチを加え船体塗装を仕上げる

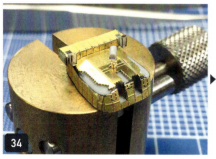

34 ▲主砲はレインボー製エッチングパーツをキットの砲塔に貼り付けるかたちで再現した。この取り付けは砲塔の一部を削り細部を調整する必要があるためやや難易度は高い。慎重な作業が要求される

35 ▲塗装が完了し組み上げた状態の主砲塔。防水キャンバスのシワはキットのパーツをリューターで彫り立体感を強調させた。色は国防色といわれるカーキドラブ系で仕上げている。砲身はアドラーズネスト製の金属挽き物を使用。きちんと真円が出ており精密感も向上する

36 ▲艦橋細部の工作を開始。各支柱を取り付けてから手摺を組んでいく。手摺は汎用エッチングパーツを使用、材質は多少の扱いにくさを感じるものの、細く繊細な仕上がりが得られるステンレス系のものを愛用している

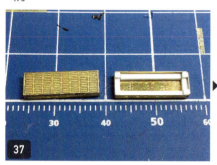

37 ▲魚雷格納庫もエッチングパーツを組み立てて製作。このように箱状のものを組み立てる際には、写真右側のようにパーツの裏側にプラ角材で補強すると強度が増し、接着も綺麗に行なうことができる

38 ▲艦橋の基本塗装までが完了したら、あらかじめ作成したカラーサンプルと比較し、全体の雰囲気を確認する。今回は多数のサンプルを作成し、スケールエフェクトなども踏まえて劇中に登場する青葉の色彩に近づけるよう調整を繰り返した

39 ▲艦尾周辺の工作。爆雷投下装置を塗装して船尾に設置する。船内に入るハッチには防水布を張って生活感が感じられるように細工した。またボラードには銅線をよって自作したロープを巻いて係留中の状態にて仕上げている

40 ▲魚雷発射管はピットロード製の汎用パーツを使用した。このパーツの利点として、魚雷本体が別パーツとなっているため塗装時の塗り分けが容易な点が挙げられる。細部には汎用エッチングパーツからハンドルなどを追加してより繊細に仕上げている

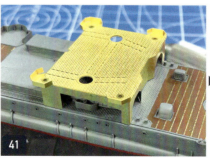

41 ▲飛行機作業所はレインボー製エッチング押さえパーツセットにあるものを組み立てた。この下方には九二式四連装魚雷発射装置があるが、こちらはピットロードのアフターパーツをチョイスし、さらに細部をディテールアップした。なお最終時のため、魚雷は装填していない状態とした

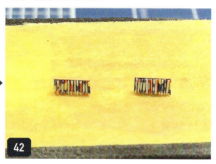

42 ▲艦橋の旗収納の製作。旗は船舶用旗デカールをアルミ箔に貼り込み加工したものを折り曲げて作成している。折りたたむ際にはデカールが割れないようデカール軟化剤を使用。それを汎用エッチングパーツで組み立てた旗収納庫に収めて、最終的な仕上がりとなる

43 ▲艦橋の迷彩と汚し塗装が完了し、いよいよ最終仕上げに取り掛かる。艦橋内部に伝声管と双眼鏡を配置して細部を仕上げていく。白布はカーキ系に塗装して最終時の仕様となるようにした

44 ▲二号電探の組み立て。パーツはアドラーズネスト製品を使用している。取り付けポストは0.2mmの真ちゅう線、ここでも水平、垂直に留意し歪みが発生していないかを確認しておいた

45 ▲メインマストと電探室の工作を行なう。レインボー製パーツセットのマストと汎用パーツを組み合わせて仕上げていく。足場には一段の手摺を加工して取り付け、より一層の精密感の向上を狙った

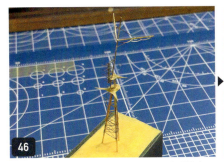
46 ▲後部マストは0.3mm真ちゅう線をベースに組んでいく。製作時は電探も取り付けた完全な状態で組み上げているが、実艦は最終時には中段より上の部分が切断、撤去されていたのでモデルでもそれにならい、上部を取り外している

47 ▲煙突の最終状態。今回は縞模様の迷彩を施したあとに蒸気捨て管やジャッキステーを取り付けるという、非常に難易度の高い工程を経ている。この時点で汚し塗装も行ない完了させているが、そのメリットとして汚しの塗装で細かなパーツが破損しても修理しやすい点が挙げられる

48 ▲煙突を設置して探照灯を取り付ける。探照灯はファインモールド製を使用している。モールドの精密さはもとより、パーツ自体がクリア素材で成型されているため、本物に近い質感を得られるのも高ポイント

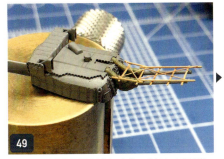
49 ▲主砲の偽装状態を再現するため、まず0.4mm角と0.3mm丸の木材を使用して梯子状に組み上げる。各部材は塗装時に微妙に色を変化させて単調な仕上がりとならないように考慮した。実艦では、この梯子状の上に木を載せて偽装していた

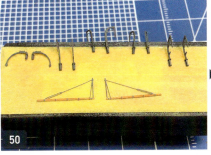
50 ▲ボートダビットと係船桁を仕上げていく。係船桁は細部を丁寧に塗り分けることで精密感がアップする。この状態であれば細部までしっかりと汚し塗装が行なえるので、そこまで作業を進めておく

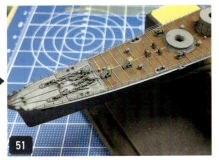
51 ▲艦首付近から手摺を取り付けていく。ここでは汎用エッチングパーツの塗装済みの手摺をチョイスして取り付けているが、工作において手摺は塗装済みのものと未塗装のものを状況に応じて使い分けている

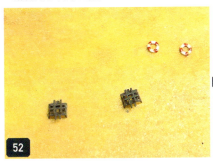
52 ▲救命浮環の製作。サイズこそ小さいものの紅白の目立つ色なので重要なアクセントとなる。妥協せずに細かな塗り分けをきちんと行なって取り付けると、格段に精密感が向上する。汎用エッチングパーツもあるので、好みで使い分けるとよいだろう

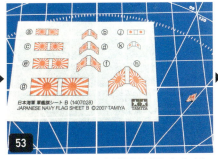
53 ▲旭日旗は、紙に印刷されたタミヤ製のものを愛用している。タミヤ・カスタマーサービスに問い合わせれば取り寄せることも可能だ。これを切り取り、水で薄めた木工用ボンドにくぐらせ、旗が波打つように形をつけてから乾燥させると雰囲気良く仕上がる

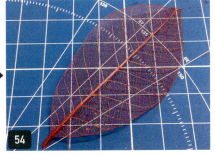
54 ▲今回、擬装用の木を再現するにあたり試行錯誤の結果、辿り着いたのがこの"葉脈"。これをブラウン系で塗装し、1/700スケールに合わせた枝のサイズとなるようデザインナイフで細かく切り取っていく。見た目以上に強度があり加工もしやすく、またインターネットでの入手も容易だ

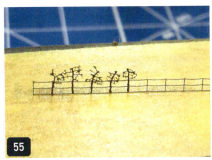
55 ▲葉の部分を着色し手すりに取り付けた状態。このように試作を重ねて仕上げていった。幹や枝の部分をブラウン系、葉の部分をグリーン系で塗装し、最後にタミヤの情景テクスチャーペイントを用いて立体的な仕上がりを狙っていく

56 ▲主砲に組んだ木枠に、葉脈で作成した木を載せて偽装状態にしていく。不自然な規則的な配置にならないよう雰囲気を見ながら、一本一本を接着剤で取り付けていく

57 ▲艦尾甲板に木を敷き詰めた状態。戦後の写真では、この擬装用の木の一部を立てて取り付けている様子が確認できたので、ランダムに立っている木も配置している

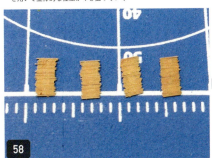
58 ▲実際の写真でも立てかけてあるのが確認できたので製作された簾。0.1mm真ちゅう線を塗装したもので組んでいる。サイズは小さいものの単調にならないよう微妙に色を変え、汚し塗装まで行なった

59 ▲艦橋前部の機銃座に簾を置いてみた状態。実際の効果はわからないものの、かなり雰囲気は出ていることがうかがえる。不規則なアウトラインと汚し塗装によって演出される"くたびれた感"もアイキャッチとなっている

60 ▲完成後はカメラで撮影し、さらに細部をチェックする。撮影した写真をPCのモニターで拡大して見ることで、肉眼では判らなかった細部の歪みや破綻の状況などを確認し、修正を加えることができるのだ

▲青葉の製作に入る前の最初の打ち合わせの席で、笹原氏より極限まで精密に作り込むられた1/700の零式観測機をプレゼントされて喜ぶ片渕監督

▶今回掲載した1/700青葉のイメージソースとなった『この世界の片隅に』劇中における青葉との比較など、模型的側面から映画にアプローチした意欲的な特集の『月刊モデルグラフィックス』2019年4月号

片渕須直×笹原大

この1/700日本海軍重巡洋艦「青葉」は、総合模型雑誌『月刊モデルグラフィックス』2019年4月号、巻頭特集 模型で読み解く『この世界の(さらにいくつもの)片隅に』にて掲載のために、映画『この世界の片隅に』の片渕監督の徹底的な監修により、笹原氏とマンツーマン体制で製作が進められた。完成品を前にして、ふたりのクリエイターが語り合う

R FACTORY SUPER SKILLFUL WARSHIP BUILD WORKS

片渕　この青葉は本当に凄いですね。やっぱり、この艦橋の色は斬新ですねえ。

笹原　ええ、斬新ですね。自分でも、過去に見たことのない配色です。

片渕　煙突の縞模様が、ちゃんと描いてあるのが凄い。

笹原　それは、監督がやれとおっしゃるからですよ（笑）。めちゃくちゃ大変でしたよ。

片渕　この模様は、フリーハンドで描いているんですか？

笹原　マスキングテープを細く切って一本一本巻いて、それからエアブラシで塗りました。こんな面倒な作業して、自分でもバカじゃないかと思いましたね。

片渕　これは、絶対に真似して作ろうなんて思っちゃいけないですね。真似しようとした人は、人生を狂わせる（笑）。

笹原　ありがとうございます。製作期間は2ヵ月ぐらいでした。でも、大変なところばかりではなく、助かった部分もあるんです。積載艇とか、ないじゃないですか。

片渕　あれ、最初のころに機銃は作っちゃっていませんでした？

笹原　そう、機銃は作ってしまっていたんですけど、ご指示のとおり外してあります。

片渕　主砲を木で偽装してあるのも凄い。撃つ気なかったってことですもんね。

笹原　あちこち木で偽装してあるのも、すごく苦労しました。

片渕　細い木でなくてはいけませんからね。

笹原　そう、ゴツい木だったら不自然じゃないですか。木をすべて配置するのに、10日以上はかかったんじゃないかと思います。でも、いいカンジになったんじゃないでしょうか。

片渕　あと、双眼鏡で発見したものを伝えるための伝声管がちゃんとまちゅう色に塗ってある。

笹原　はい、そこは目立ちますから。

片渕　目立ちますよね、ちゃんと作ってあるとすごいです。前から見ると、艦橋のガラスがピカッと反射するんですね。

笹原　上下の窓にガラスを入れていますから、角度によっては光ります。最初、監督と打ち合わせしたときは、どこまでできるか自分でもわからなかったんです。確か煙突の縞模様は「無理です」とお断りしました。

片渕　模型を作るうえで、どこが限界なのかわからなかったんですよ。

笹原　でも、やってみもしないで「無理です」ですませるのも気が引けたので、やってみたらできてしまった。

片渕　青葉は、甲板で洗濯しているシーンがありますよね。軍艦って洗濯はどこでやるのかなと思って……それまで、気にしたこともなかった。

笹原　いちおう洗い場があるんですよ。

片渕　だけど干すのは前甲板ですよね……。今度、それ作ってくださいよ！

笹原　エッチングパーツで、"洗濯物"って市販されてるんです。

片渕　えっ、ほんとに発売されてるの（笑）。うーん、一回見たいなあ。

笹原　思い切り生活感が出てしまいますけどね。僕はもともと、生活感のある模型を作りたかったんです。

片渕　そうですよね、全部のドアが開けてあったりしますもんね。

笹原　本当はフィギュアも置きたかったんですけど、エッチングパーツのフィギュアは、ただの板なのでアップで撮ると苦しいんです。だから、フィギュアがなくても見た人が「生きている艦」と勝手に思ってくれる模型を作りたいわけです。

片渕　うん、その思想は僕と合ってますね。

笹原　だからハッチを開けたりとか、「ここにモンキーラッタルがないと艦橋に上がれない」とか、「ここに踊り場がないと人が立てないじゃないか」とか、人との絡みを考えながら作っているつもりです。

片渕　なるほど。それで、見ていてワクワクするわけですね。

笹原　たとえば僕の青葉を手にしたコレクターの人が「あれ？ こんなところまで作ってあるのか！」と、何日もしてから宝箱を見つけられるように作ったつもりなんです。いつまでたっても見飽きないように、新たな発見があちこちに仕込んである。その宝探しを楽しんでもらいたい……そう思いながら、艦船模型を作っています。

片渕　僕の映画づくりの姿勢と完全に一致していますね。とても共鳴します。

笹原　ありがとうございます。今回のお話がなかったら絶対にやっていなかったであろう、新しい挑戦だらけでおもしろかったですよ。監督に見せてダメ出しされたら、もうどうしようかと心配でしたけど。

片渕　ここまで作ってもらったらダメ出しのしようがないじゃないですか（笑）。この青葉はすばらしい。本当に宝物ですね。　■

▲前部甲板から撮影された着底後の青葉。木による偽装、艦橋の迷彩、砲身付け根キャンバス布の色など、白黒写真ながら読み取れる情報の多い写真だ

月刊モデルグラフィックス2019年4月号【巻頭特集】模型で読み解く『この世界の（さらにいくつもの）片隅に』

R工廠 超巧造艦ワークス
笹原大 1/700艦船模型集
R FACTORY SUPER SKIILLFUL WARSHIP BUILD WORKS

約一年前に『ナノテクノロジー工廠』を刊行させていただき、その中で艦載機の製作方法や愛用する工具、過去に製作した作品をメインに紹介させていただいたわけですが、その分、各艦艇の細かい工程・作業内容や注意点などページ数の関係で思ったように掲載することができませんでした。そこで今回の本につきましては、その反省点を踏まえて、より皆様に深く製作方法をご覧いただきたいと思い、掲載する艦船を厳選して製作途中の工程をより細かくご紹介できるように編集いたしました。工具等につきましては、この一年間の間に追加されたアイテム・工具などをご紹介させていただきました。艦船につきましては、島風はアートボックスにて限定出版させていただいた『モデルカステンリミテッドエディション』の内容を一部掲載して、入手できなかった方にもご覧いただける様にし、九七式大型飛行艇を搭載する秋津洲では主に大型飛行艇の工作方法、映画『この世界の片隅に』に登場する青葉については、片渕監督と打ち合わせをしながら偽装工作や迷彩に工夫した工程の内容をより詳しく紹介し、今回の本に合わせて新規作り起こしをした第十一昭南丸など、起工から竣工まで『ネイビーヤード』等に掲載できなかった写真も新たに掲載し、より詳しく編集した次第です。また、完成後の作品写真も新規に撮り直しを行ない、大きく拡大したものを掲載して細部の工作まで充分に見ていただけるようにいたしました。本誌にて掲載した工作手順は私が艦船模型を製作していく中で個人的に積み上げてきたものです。ただ、人によっては違う手法の方が作りやすかったりすることもあると思います。今回ご紹介させていただいた方法はあくまでも一例であり、もっとご自身に合う方法やより優れた方法もたくさん有ると思います。その技法や工作方法を考えるためのひとつのヒントとして少しでも貢献できれば個人的にとてもうれしく思います。（文／笹原 大）

笹原 大 Dai Sasahara

1969年生。千葉県出身。中学生までガンプラをメインに楽しんでいたが、高校入学と共に製作活動を休止する。サラリーマンを約20年経験後、転勤のない現在の仕事に就いたため、家族の了解もあり模型製作を再開。現在、ネイビーヤード誌をメインに1/700スケールの日本海軍艦艇製作に特化した模型ライフを楽しんでいる。二児の父親。ブログ名R＆R工廠の由来は子供の名前のイニシャルから命名

R工廠 超巧造艦ワークス
笹原 大 1/700艦船模型集

模型製作／笹原 大

編集／石塚 真（アートボックス）

撮影／株式会社インタニヤ・石塚 真（アートボックス）

デザイン／海老原剛志

発行日　2019年5月19日 初版第1刷

発行人　小川光二

発行所　株式会社 大日本絵画
　　　　〒101-0054 東京都千代田区神田錦町1丁目7番地
　　　　Tel 03-3294-7861（代表）
　　　　URL　http://www.kaiga.co.jp

企画／編集　株式会社アートボックス
　　　　〒101-0054 東京都千代田区神田錦町1丁目7番地
　　　　錦町一丁目ビル4階
　　　　Tel 03-6820-7000
　　　　URL　http://www.modelkasten.com/

印刷／製本　大日本印刷株式会社

Publisher/Dainippon kaiga Co., Ltd
Kanda Nishiki-cho 1-7, Chiyoda-ku, Tokyo 101-0054 Japan
Phone 03-3294-7861
Dainippon Kaiga URL; http://www.kaiga.co.jp
Copyright ©2019 DAINIPPON KAIGA Co.,Ltd./Dai Sasahara
Editor/Artbox Co., Ltd
Nishiki-Cho 1-chome bldg., 4th Floor, Kanda
Nishiki-cho 1-7, Chiyoda-ku, Tokyo 101-0054 Japan
Phone 03-6820-7000
Artbox URL; http://www.modelkasten.com/

©2019株式会社 大日本絵画／笹原 大

本誌掲載の写真、図版、イラストレーションおよび記事などの無断転載を禁じます。
定価はカバーに表示してあります。

ISBN 978-4-499-23265-4

内容に関するお問い合わせ先　03(6820)7000 ㈱アートボックス
販売に関するお問い合わせ先　03(3294)7861 ㈱大日本絵画